プリント形式のリアル過去問で本番の臨場感！

北海道

北星学園女子中学校

2025年春 受験用

解答集

本書は，実物をなるべくそのままに，プリント形式で年度ごとに収録しています。
問題用紙を教科別に分けて使うことができるので，本番さながらの演習ができます。

■ 収録内容

・解答集(この冊子です)

書籍ＩＤ番号，この問題集の使い方，最新年度実物データ，リアル過去問の活用，
解答例と解説，ご使用にあたってのお願い・ご注意，お問い合わせ

・2024(令和６)年度 ～ 2022(令和４)年度　学力検査問題

○は収録あり

年度	'24	'23	'22			
■ 問題(第1期)※	○	○	○			
■ 解答用紙(英語は書き込み式)	○	○	○			
■ 配点	○	○	○			

算数に解説があります

※算数・英語の放送原稿・音声は非公表
注)問題文等非掲載:2023年度社会の1, 2022年度国語の問題八

問題文などの非掲載につきまして

著作権上の都合により，本書に収録している過去入試問題の本文や図表の一部を掲載しておりません。ご不便をおかけし，誠に申し訳ございません。

本文の一部を掲載できなかったことによる国語の演習不足を補うため，論説文および小説文の演習問題のダウンロード付録があります。弊社ウェブサイトから書籍ＩＤ番号を入力してご利用ください。

なお，問題の量，形式，難易度などの傾向が，実際の入試問題と一致しない場合があります。

教英出版

■ 書籍ＩＤ番号

入試に役立つダウンロード付録や学校情報などを随時更新して掲載しています。
教英出版ウェブサイトの「ご購入者様のページ」画面で，書籍ＩＤ番号を入力してご利用ください。

書籍ＩＤ番号 104401

（有効期限：2025年9月30日まで）

【入試に役立つダウンロード付録】
「要点のまとめ（国語／算数）」
「課題作文演習」ほか

■ この問題集の使い方

年度ごとにプリント形式で収録しています。針を外して教科ごとに分けて使用します。①片側，②中央のどちらかでとじてありますので，下図を参考に，問題用紙と解答用紙に分けて準備をしましょう（解答用紙がない場合もあります）。

針を外すときは，けがをしないように十分注意してください。また，針を外すと紛失しやすくなりますので気をつけましょう。

① 片側でとじてあるもの

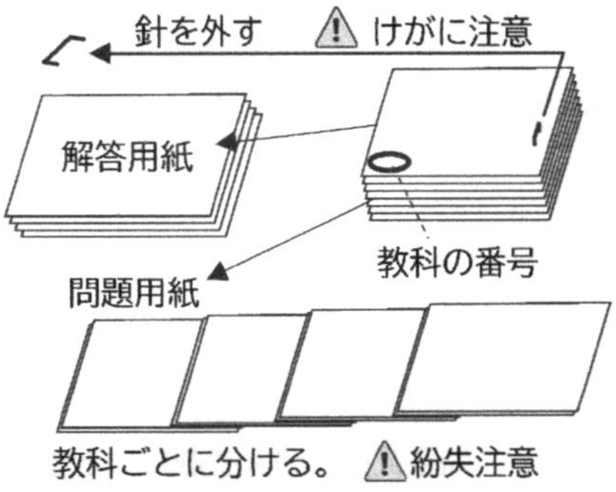

② 中央でとじてあるもの

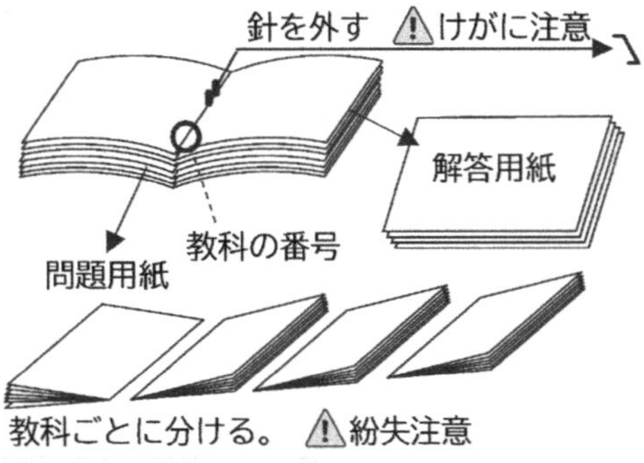

※教科数が上図と異なる場合があります。
解答用紙がない場合や，問題と一体になっている場合があります。
教科の番号は，教科ごとに分けるときの参考にしてください。

■ 最新年度 実物データ

実物をなるべくそのままに編集していますが，収録の都合上，実際の試験問題とは異なる場合があります。実物のサイズ，様式は右表で確認してください。

問題用紙	Ｂ４片面プリント 英：Ａ３片面プリント（書込み式）
解答用紙	Ｂ４片面プリント

リアル過去問の活用

～リアル過去問なら入試本番で力を発揮することができる～

本番を体験しよう！

問題用紙の形式（縦向き／横向き），問題の配置や余白など，実物に近い紙面構成なので本番の臨場感が味わえます。まずはパラパラとめくって眺めてみてください。「これが志望校の入試問題なんだ！」と思えば入試に向けて気持ちが高まることでしょう。

入試を知ろう！

同じ教科の過去数年分の問題紙面を並べて，見比べてみましょう。

① 問題の量

毎年同じ大問数か，年によって違うのか，また全体の問題量はどのくらいか知っておきましょう。どのくらいのスピードで解けば時間内に終わるのか，大問ひとつにかけられる時間を計算してみましょう。

② 出題分野

よく出題されている分野とそうでない分野を見つけましょう。同じような問題が過去にも出題されていることに気がつくはずです。

③ 出題順序

得意な分野が毎年同じ大問番号で出題されていると分かれば，本番で取りこぼさないように先回りして解答することができるでしょう。

④ 解答方法

記述式か選択式か（マークシートか），見ておきましょう。記述式なら，単位まで書く必要があるかどうか，文字数はどのくらいかなど，細かいところまでチェックしておきましょう。計算過程を書く必要があるかどうかも重要です。

⑤ 問題の難易度

必ず正解したい基本問題，条件や指示の読み間違いといったケアレスミスに気をつけたい問題，後回しにしたほうがいい問題などをチェックしておきましょう。

問題を解こう！

志望校の入試傾向をつかんだら，問題を何度も解いていきましょう。ほかにも問題文の独特な言いまわしや，その学校独自の答え方を発見できることもあるでしょう。オリンピックや環境問題など，話題になった出来事を毎年出題する学校だと分かれば，日頃のニュースの見かたも変わってきます。

こうして志望校の入試傾向を知り対策を立てることこそが，過去問を解く最大の理由なのです。

実力を知ろう！

過去問を解くにあたって，得点はそれほど重要ではありません。大切なのは，志望校の過去問演習を通して，苦手な教科，苦手な分野を知ることです。苦手な教科，分野が分かったら，教科書や参考書に戻って重点的に学習する時間をつくりましょう。今の自分の実力を知れば，入試本番までの勉強の道すじが見えてきます。

試験に慣れよう！

入試では時間配分も重要です。本番で時間が足りなくなってあわてないように，リアル過去問で実戦演習をして，時間配分や出題パターンに慣れておきましょう。教科ごとに気持ちを切り替える練習もしておきましょう。

心を整えよう！

入試は誰でも緊張するものです。入試前日になったら，演習をやり尽くしたリアル過去問の表紙を眺めてみましょう。問題の内容を見る必要はもうありません。どんな形式だったかな？受験番号や氏名はどこに書くのかな？…ほんの少し見ておくだけでも，志望校の入試に向けて心の準備が整うことでしょう。

そして入試本番では，見慣れた問題紙面が緊張した心を落ち着かせてくれるはずです。

※まれに入試形式を変更する学校もありますが，条件はほかの受験生も同じです。心を整えてあせらずに問題に取りかかりましょう。

2024 解答例 令和6年度　北星学園女子中学校

《国　語》

問題一　①断る　②過ち　③営む　④開放　⑤金庫　⑥混雑　⑦強情　⑧単純　⑨故障　⑩行列

問題二　①いただく　②いらっしゃる　③なさった

問題三　①風　②雷

問題四　①クレーム　A．苦　②ブーム　B．流　③アドバイス　C．助

問題五　①今朝の寒さ　②野菜のゆでる方法〔別解〕野菜のゆで方

問題六　「かざぐるま」と読むとAグループのように下の漢字がだく音に変化して読めるし、「かざぐるま」「ふうしゃ」と読むとBグループのように二種類の読み方があるから。

問題七　問一．じっとしているのが苦痛で、考える前に体が動き出すこと。　問二．ア　問三．A．暑い　B．みつばちの巣箱をすずしくしてやる〔別解〕みつばちをよろこばせる　C．水をかけてやる　問四．いかり　問五．ウ　問六．普通　問七．イ

問題八　問一．このように　問二．最初…「はい〔別解〕はい、　最後…に振る　問三．エ　問四．チベットでは、舌を出すことが相手にうそを言わず真心をささげます、という意味のサインになるということ。　問五．ウ　問六．A．オ　B．ア　問七．気づかないうちに失礼にならないように、文化の違いに関心をもつこと。　問八．右手はきれいな手で左手は汚い手　問九．C

《算　数》

1　放送原稿《げんこう》非公表のため，解答例は掲載《けいさい》しておりません。

2　(1)$\frac{1}{16}$　(2)$1\frac{4}{7}$　(3)60　(4)1700　(5)24

3　(1)2499　(2)350　(3)2550　(4)12

4　(1)6　(2)5

5　(1)4　(2)9

6　(1)78　(2)80

7　(1)21.98　(2)ア．37　イ．108　(3)96

8　(1)ア．2　イ．24　ウ．3　エ．4　(2)オ．8　カ．24　キ．8

《英　語》

Listening

Part１～４　放送原稿非公表のため，解答例は掲載しておりません。

Reading＆Writing

Part１　1)a towel　2)a suitcase　3)a watch　4)a desk

Part２　1)no　2)yes　3)no　4)yes　5)no

Part３　1)A　2)C　3)A

Part４　(1)Christmas　(2)expensive　(3)happy　(4)A lucky present

Part５　1)five〔別解〕5　2)nervous　3)four〔別解〕4　4)dad〔別解〕father　5)yes〔別解〕he did

Part６　1．to　2．always　3．still　4．not　5．watch

《理　科》

1　問１．④　問２．③　問３．頭　問４．②　問５．３

2　問１．並列つなぎ　問２．C，E，F，I　問３．H　問４．ア．豆電球　イ．熱　問５．b
問６．①

3　問１．④　問２．津波／液状化／地すべり／火災 などから１つ　問３．温泉／地熱発電 などから１つ
問４．ハザードマップを確認する／防災グッズを準備する などから１つ　問５．②　問６．④

4　問１．④　問２．大きくなる　問３．④　問４．①　問５．②　問６．③

《社　会》

1　問１．(1)④，⑦　(2)河川名…利根川　平野名…関東平野　(3)③　問２．(1)船で海外から原料や燃料を輸入したり，製品を輸出しやすいため　(2)広大な土地が確保でき，道路が整備されて交通の便が良くなったため　(3)①
問３．③→②→①　問４．間違った対策…河川の水位をこまめに見に行き　どうしたらよいのか…河川には近づかない　問５．(1)リデュース　(2)リユース　(3)リサイクル　問６．京都議定書　問７．(1)北京　(2)鑑真
(3)正倉院　問８．元寇〔別解〕蒙古襲来

2　問１．②，⑥　問２．(1)③　(2)④　問３．(1)②　(2)③　問４．(1)③　(2)①　問５．衆議院
問６．(1)内閣総理大臣　(2)岸田文雄

3　問１．広島　問２．③

2 (1) 与式＝$\frac{5}{4}\times\frac{1}{20}=\frac{1}{16}$

(2) 与式＝$\frac{4}{14}-\frac{3}{14}+\frac{3}{2}=\frac{4}{14}-\frac{3}{14}+\frac{21}{14}=\frac{22}{14}=1\frac{4}{7}$

(3) 与式＝12×５＝**60**

(4) 与式＝(89－７＋18)×17＝100×17＝**1700**

(5) 与式より，(５＋□÷６)×４＝48－12　５＋□÷６＝36÷４　□÷６＝９－５　□＝４×６＝**24**

3 (1) 百の位を四捨五入したとき，2500 以上だと 3000 になるから，求める最大の整数は **2499** である。

(2) 展開図を組み立ててできる立体は直方体であり，縦の長さ，横の長さ，高さはそれぞれ 15－５＝10(cm)，７cm，５cmだから，その体積は 10×７×５＝**350**(cm³)である。

(3) 15％引きの金額はもとの値段の１－0.15＝0.85(倍)だから，3000×0.85＝**2550**(円)である。

(4) **【解き方】同じ道のりを進むときにかかる時間の比は，進む速さの比の逆比になる。**

行きと帰りの進む速さの比は 80：100＝４：５だから，かかる時間の比は４：５の逆比の５：４になる。
よって，帰りにかかった時間は $15\times\frac{4}{5}=$**12**(分)である。

4 **【解き方】右のような表にまとめて考える。**

		水泳教室 ○	水泳教室 ×	合計
ピアノ教室	○	18	㋐	24
ピアノ教室	×		㋒	
合計		26	㋑	37

(1) ピアノ教室に通っているが，水泳教室には通っていない人は表の㋐の人数だから，㋐＝24－18＝**6**(人)である。

(2) どちらにも通っていない人は表の㋒の人数である。㋑＝37－26＝11(人)だから，㋒＝㋑－㋐＝11－６＝**5**(人)である。

5 **【解き方】整数で表すことができる分数は，分母が分子の約数になる。**

(1) １から 10 までの整数のうち，10 の約数は１，２，５，10 の４個だから，整数で表せる分数も**4**個ある。

(2) **【解き方】約数を求める整数が大きい場合は，２つの整数の積がその数になるような整数の組を書き出す。**

積が 100 になるような２つの整数の組は，１と 100，２と 50，４と 25，５と 20，10 と 10 の５組ある。このうち，10 と 10 は同じ整数の積なので，求める約数の個数は２×４＋１＝**9**(個)ある。

6 (1) **【解き方】(平均点)×(回数)＝(合計点)となることを利用する。**

４回目までの合計点は 79×４＝316(点)だから，５回目までの合計点は 316＋74＝390(点)である。よって，５回のテストの平均点は 390÷５＝**78**(点)である。

(2) **【解き方】面積図を利用して考える。**

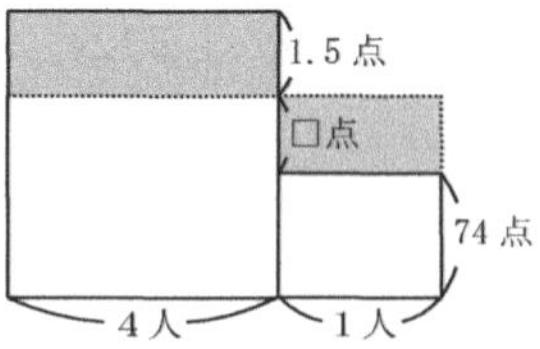

５回のテストの平均点が５回目の得点の 74 点よりも□点高いとすると，面積図は右のようになり，色つき部分の面積が等しいから，□×１＝1.5×４より，□＝６となる。よって，５回のテストの平均点は 74＋６＝**80**(点)である。

7 (1) 求める面積は，半径が６＋２＝８(cm)，中心角が 90°のおうぎ形の面積から，半径が６cm，中心角が 90°のおうぎ形の面積を引いた値《あたい》だから，$8\times8\times3.14\times\frac{90°}{360°}-6\times6\times3.14\times\frac{90°}{360°}=(16-9)\times3.14=$**21.98**(cm²)である。

⑵　**【解き方】折り返した角は等しいことを利用する。**

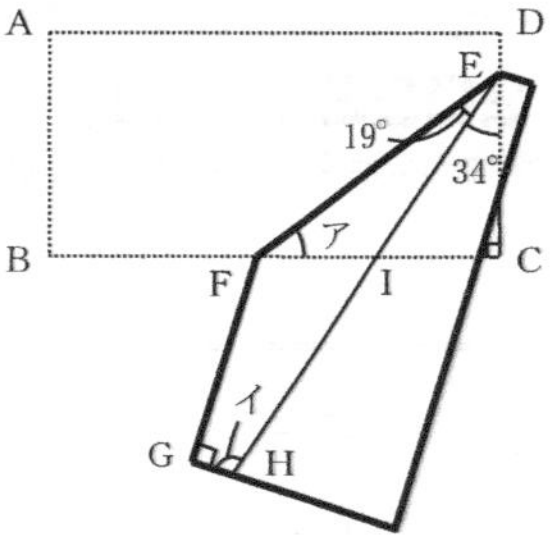

右図で，三角形ＥＦＣの内角の和より，角ア＝180°－(19°＋34°＋90°)＝**37°**
角ＢＦＥ＝180°－37°＝143°であり，折り返した角は等しいから，
角ＧＦＥ＝角ＢＦＥ＝143°　　よって，角ＧＦＩ＝143°－37°＝106°
三角形ＥＩＣの内角の和より，角ＥＩＣ＝180°－(34°＋90°)＝56°
向かい合う角の大きさは等しいから，角ＨＩＦ＝角ＥＩＣ＝56°
四角形ＦＧＨＩの内角の和より，角イ＝360°－(106°＋90°＋56°)＝**108°**

⑶　**【解き方】色つき部分は右図の三角形ＤＢＣであり，三角形ＡＢＣと合同である。**

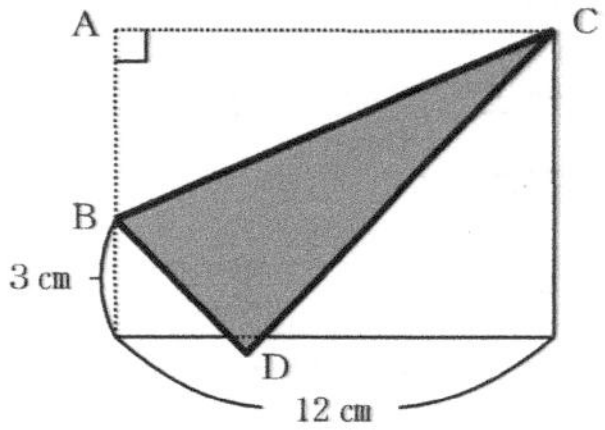

三角形ＡＢＣの面積は30㎠であり，ＡＣ＝12 cmだから，
12×ＡＢ÷２＝30より，ＡＢ＝30×２÷12＝５(cm)である。
よって，もとの長方形の面積は(５＋３)×12＝**96**(㎠)

8　⑴　**【解き方】信号機Ａでは，青から赤に変わってから40＋32＝72(秒)ごとに再び青から赤に変わる。**

３回目の赤がついたのは午前10時の(72×２)秒後＝144秒後＝$\frac{144}{60}$分後＝$2\frac{24}{60}$分後＝２分24秒後である。
３回目に赤から青に変わるのは，さらに40秒後の２分24秒＋40秒＝３分４秒後なので，３回目の赤がついていたのは，午前10時**２**分**24**秒から午前10時**３**分**４**秒までである。

⑵　**【解き方】信号機Ｂでは，青から赤に変わってから36＋48＝84(秒)ごとに再び青から赤に変わる。**

信号機Ａと信号機Ｂは72秒と84秒の最小公倍数ごとに，周期的に色が変わる。２つの数の最小公倍数を求めるときは，右の筆算のように割り切れる数で次々に割っていき，割った数と割られた結果残った数をすべてかけあわせればよい。よって，72と84の最小公倍数は，

2）72　84
2）36　42
3）18　21
　　6　7

２×２×３×６×７＝504だから，２つの信号機は504秒＝$\frac{504}{60}$分＝８分24秒ごとに，同時に青から赤に変わる。
したがって，午前11時の次に２つの信号機が同時に青から赤に変わるのは，午前11時**８**分**24**秒である。
１時間＝(60×60)秒＝3600秒だから，２つの信号は午前11時以降，１時間で，3600÷504＝７余り72より，７回だけ同時に青から赤に変わるので，午前11時ちょうどもふくめると７＋１＝**８**(回)である。

北星学園女子中学校

《国　語》

問題一　①誤る　②預ける　③細かい　④暑中　⑤探検　⑥貿易　⑦修理　⑧標本　⑨前兆　⑩招待

問題二　①しかし〔別解〕けれども　②だから〔別解〕したがって　③しかも〔別解〕さらに／そして

問題三　［季語／季節］　①［菜の花／春］　②［スケート／冬］

問題四　ア

問題五　①イ　②エ

問題六　青リボン…白子　白リボン…緑子　緑リボン…青子

問題七　①O　②G　③U

問題八　問一．かあちゃん　問二．腹　問三．三本白の馬は、飼うと主人が死んだり家が火事になったりするなど、不吉な馬だと言われているから。　問四．さむらいの心をもつ父　問五．五十字以内…妹が子馬と同じ三本白の馬にけられて死んでしまったので、また悪いことが起こりそうだと思ったから。　三十字以内…早産で生まれたので、どうせ助からない命だと思ったから。　問六．A．三本白の子馬　B．かわいそう　C．たすけてほしい　問七．エ　問八．ソンキは足が早かったから。　問九．ウ

問題九　問一．ア　問二．体調のいいときに感染したほうが自然に感染するより死亡率が低いから。
問三．牛痘〔別解〕牛の天然痘　問四．A．オ　B．イ　問五．エ　問六．ウ　問七．というのは
問八．カ→ウ→イ→ア→オ→エ　問九．エ

《算　数》

1　放送原稿非公表のため，解答例は掲載しておりません。

2　(1)72　(2)$\frac{7}{20}$　(3)$\frac{1}{2}$　(4)1200　(5)12

3　(1)2　(2)8　(3)357　(4)95

4　(1)24　(2)5，44

5　(1)2100　(2)1025

6　(1)36　(2)4

7　(1)120　(2)6.88

8　(1)2.7　(2)ア．3　イ．6

9　(1)15000　(2)11000　(3)$14\frac{2}{3}$

《英　語》

Listening

Part１～４　放送原稿非公表のため，解答例は掲載しておりません。

Reading＆Writing

Part１　１)a scarf　２)a toothbrush　３)a bus stop　４)an eraser

Part２　１)yes　２)no　３)yes　４)no　５)no

Part３　１)A　２)B　３)B

Part４　(1)sad　(2)phone　(3)chocolate　(4)A Lost Dog.

Part５　１)interesting　２)cameras　３)children　４)(white) flower　５)one hundred〔別解〕100

Part６　１．His　２．When　３．excited　４．only　５．went

《理　科》

1　問１．C　問２．600　問３．②→①→④→③　問４．ミドリムシ　問５．イ

2　問１．④　問２．イ　問３．(1)9.5　(2)60　問４．237

3　問１．④　問２．(1)⑥　(2)②　問３．火山が噴火した。　問４．③

4　問１．４　問２．(100 円硬貨の重さ)×40 cm＝(50 円硬貨の重さ)×48 cmが成り立つので，(100 円硬貨の重さ)：(50 円硬貨の重さ)＝６：５となる。　問３．45　問４．５＜50＜10＜100＜500
問５．②

《社　会》

1　問１．(1)持続可能　(2)13，14，15　のうち１つ／(13 の例文)家庭での電力消費を削減する。／ガソリン車の使用を控える。／電気の契約を新電力に替えたり太陽光発電を設置したりして，自宅で使用する電気をクリーンな電気に替える。などから１つ　(14 の例文)マイエコバッグを使用し，レジ袋は使用しない。／マイボトルを使用し，ペットボトルやストローの使用を減らす。／ビーチクリーンや河原の清掃活動に参加する。／魚を買うときは認証マークのついた商品を選ぶ。などから１つ　(15 の例文)買い物をするときには森を守るＦＳＣマークの製品を選ぶ。／使い捨てのものは避けてゴミを減らす。などから１つ　問２．(1)②／冬は氷点下となり，梅雨がないため６月の降水量が少ない。(下線部は 12 月，１月，２月でもよい)　(2)③　(3)雪まつり　(4)A．蝦夷地〔別解〕蝦夷ヶ島　B．アイヌ　C．屯田兵　D．クラーク　問３．再生可能エネルギーは半永久的に使えるだけでなく，二酸化炭素を出さずに発電ができるため，地球温暖化の対策になるから。

2　問１．(1)北条政子　(2)鎌倉幕府　(3)後鳥羽上皇　(4)集団戦法を用いた。／火器を使用した。　問２．(1)平清盛　(2)①　(3)壇ノ浦の戦い

3　問１．A．６　B．30　問２．18　問３．A．最高　B．立法　問４．(1)日本銀行　(2)④　(3)②

4　A．①　B．③

2 (1)　与式＝６×12＝**72**

(2)　与式＝$\frac{3}{4}-\frac{2}{5}=\frac{15}{20}-\frac{8}{20}=\mathbf{\frac{7}{20}}$

(3)　与式＝$\frac{2}{5}+\frac{1}{3}\times\frac{3}{10}=\frac{4}{10}+\frac{1}{10}=\frac{5}{10}=\mathbf{\frac{1}{2}}$

(4)　与式＝24×(21＋48－19)＝24×50＝**1200**

(5)　与式より，(27－24÷□)×３＝83－８　　27－24÷□＝75÷３　　24÷□＝27－25　　□＝24÷２＝**12**

3 (1)　**【解き方】やすこさんとひろこさんは１時間に５＋４＝９(km)近づく。**

求める時間は18÷９＝**２**(時間後)である。

(2)　**【解き方】鉛筆《えんぴつ》と消しゴムをそれぞれ同じ個数ずつ余りが出ないように配るためには24と32の公約数になるような人数に配ればよい。できるだけ多くの子どもに配るから，24と32の最大公約数を考える。**

2) 24　32
2) 12　16
2)　6　 8
　　3　 4

最大公約数を求めるときは，右の筆算のように割り切れる数で次々に割っていき，割った数をすべてかけあわせればよい。よって，24と32の最大公約数は，２×２×２＝８だから，求める人数は**８**人である。

(3)　今年は去年より全校生徒の人数が５％増えたので，１＋0.05＝1.05(倍)になった。よって，求める人数は，340×1.05＝**357**(人)である。

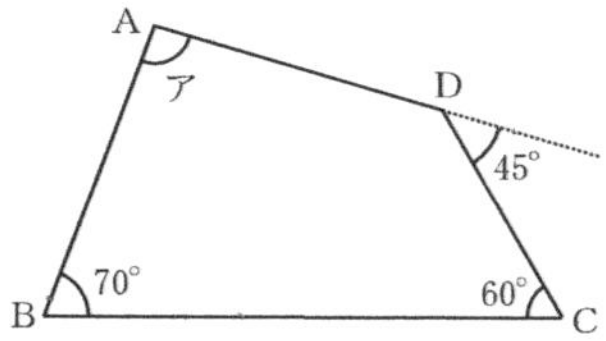

(4)　右図の角ＣＤＡ＝180°－45°＝135°

よって，四角形の内角の和より，角ア＝360°－(70°＋60°＋135°)＝**95°**

4 (1)　**【解き方】ＡとＢがちょうど同じタイミングで製品を作るときの時間と個数を考える。**

Ａは６分に１個，Ｂは８分に１個製品を作る。６と８の最小公倍数は24であり，24分ごとにＡは24÷６＝４(個)，Ｂは24÷８＝３(個)の製品を作ることになる。３＋４＝７(個)より，７個目の製品ができるのは**24**分後である。

(2)　(1)の解説をふまえる。24分ごとに７個の製品ができるので，100÷７＝14余り２より，24×14＝336(分後)にＡとＢは合計で 100－２＝98(個)の製品をちょうど作り終える。よって，製品は後２個作ればよいので，６分後にＡが99個目を，８分後にＢが100個目を作り終えるから，求める時間は336＋８＝344(分後)つまり，**５**時間**44**分後である。

5 (1)　最初の所持金の$1-\frac{2}{7}=\frac{5}{7}$が1500円にあたる。よって，最初の所持金は$1500\div\frac{5}{7}=$**2100**(円)である。

(2)　ペンケースの金額は$1500\times\frac{25}{100}+100=475$(円)である。よって，求める金額は，1500－475＝**1025**(円)である。

6 (1)　**【解き方】加点されるのは偶数の書かれたカードだから，２，４，６のカードである。**

カードはそれぞれ２枚だから，最も加点が大きくなるのは，６を２枚，４を１枚引くときである。

よって，求める点数は20＋６×２＋４＝**36**(点)

(2)　**【解き方】得点が20点になるとき，引いたカードの合計得点が０点になる。よって，３枚のカードのうち奇数と偶数はそれぞれ１枚以上引くことになる。**

奇数を２枚引き，偶数を１枚引く場合，(奇数)＋(奇数)＝(偶数)だから，条件に合う。このときの組み合わせとして考えられるものは，(奇，奇，偶)＝(１，１，２)(１，３，４)(１，５，６)(３，３，６)の４通りである。

偶数を２枚引き，奇数を１枚引く場合，(偶数)＋(偶数)＝(偶数)だから，条件に合わない。

よって，求める組み合わせの数は**４**通りである。

7 (1)　**【解き方】斜線《しゃせん》部分を２つの三角形に分けて考える。**

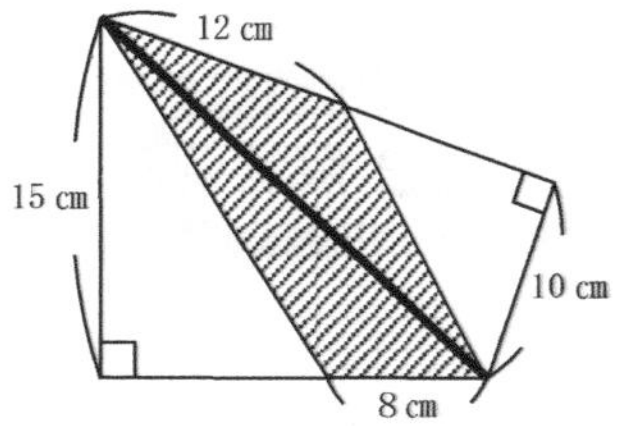

斜線部分は右図の太線によって２つの三角形に分けられる。これらの三角形は底辺と高さがそれぞれ８cmと 15 cm，12 cmと 10 cmだから，求める面積は

$8\times15\div2+12\times10\div2=$**120**(㎠)である。

(2)　**【解き方】右図のように点線を引いたとき，斜線部分の面積は，縦と横の長さが８cm，４cmの長方形の面積から，半径４cmの円の面積の$\dfrac{1}{4}$を２つ分引いた値《あたい》である。**

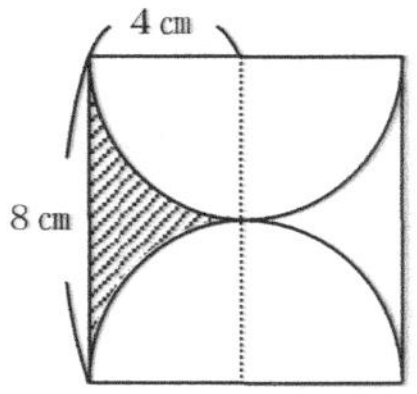

求める面積は$8\times4-4\times4\times3.14\times\dfrac{1}{4}\times2=32-25.12=$**6.88**(㎠)である。

8 (1)　**【解き方】和差算を利用してア，イの人数を求める。**

得点が２点と４点の生徒の人数は$20-(3+0+6+2)=9$(人)となる。

よって，ア＋イ＝９，ア－イ＝１だから，ア＝$(9+1)\div2=5$(人)，イ＝$9-5=4$(人)

求める平均点は$(0\times3+1\times0+2\times5+3\times6+4\times4+5\times2)\div20=54\div20=$**2.7**(点)である。

(2)　**【解き方】(平均点)×(人数)＝(合計点)となることを利用する。また，つるかめ算を利用する。**

平均点が 2.9 点だから，20 人の合計点は$2.9\times20=58$(点)である。よって，２点と４点の生徒の合計点は，$58-(0\times3+1\times0+3\times6+5\times2)=30$(点)となる。９人の生徒全員が４点とすると，合計点は$4\times9=36$(点)となり，実際よりも$36-30=6$(点)高くなる。４点の生徒１人を２点の生徒１人におきかえると，合計点は$4-2=2$(点)だけ低くなるから，ア＝$6\div2=$**3**(人)である。よって，イ＝$9-3=$**6**(人)である。

9 (1)　**【解き方】容器の底面を台形ＡＢＣＤと見て考える。**

底面は台形で，上底と下底の長さがそれぞれ 10 cm，40 cm，高さが 30 cmだから，底面積は$(10+40)\times30\div2=750$(㎠)である。よって，容器の容積は底面積が 750 ㎠，高さが 20 cmの四角柱の体積となるので，$750\times20=$**15000**(㎤)である。

(2)　**【解き方】水面の高さが等しいとき，水の体積は底面積に比例する。**

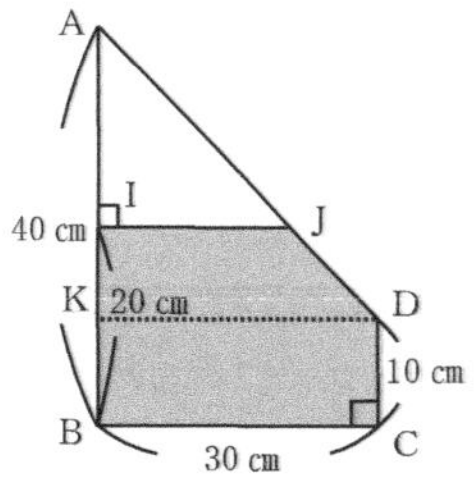

面ＡＢＣＤのうち，水と接していない部分は右図の直角三角形ＡＩＪになる。

ＡＩ＝$40-20=20$(cm)であり，ＩＪとＫＤは平行だから三角形ＡＩＪと三角形ＡＫＤは形が同じで大きさが異なる三角形である。ＡＫ＝$40-10=30$(cm)だから，三角形ＡＩＪと三角形ＡＫＤの辺の長さの比はＡＩ：ＡＫ＝$20:30=2:3$となるので，ＩＪ＝ＫＤ$\times\dfrac{2}{3}=30\times\dfrac{2}{3}=20$(cm)である。よって，三角形ＡＩＪの面積は，$20\times20\div2=200$(㎠)である。したがって，五角形ＩＢＣＤＪと四角形ＡＢＣＤの面積比は，$(750-200):750=11:15$だから，水の体積は容器の容積の$\dfrac{11}{15}$倍なので，水の体積は，$15000\times\dfrac{11}{15}=$**11000**(㎤)

(3)　**【解き方】水の体積は 11000 ㎤で，(1)より，面ＡＢＣＤを下にして置いたとき水の底面積は 750 ㎠となる。**

求める水面の高さは，$\dfrac{11000}{750}=\dfrac{44}{3}=$**$14\dfrac{2}{3}$**(cm)

北星学園女子中学校

《国　語》

問題一　①養う　②改める　③退ける　④絶対　⑤異常　⑥開幕　⑦君臨　⑧寒暖
⑨立候補　⑩安易

問題二　①ウ　②ア　③イ

問題三　①降車　②消費　③否決

問題四　①イ　②ク　③オ　④エ

問題五　①ウ→ア→イ→エ　②イ→エ→ア→ウ

問題六　Ａ．くま　Ｂ．しま

問題七　①今日の海はおだやかだ。だから私は船を出した。　②こんなところに花が咲いている。この花の名前を調べてみよう。

問題八　問一．ウ　問二．頭のなかをからっぽにしたいとき　問三．車を思い通りに動かせるようになる
問四．母のがんばりはわかるが、母の都合で自分が使われたり、いらいらをぶつけられたりすることがいやで、勉強のせいにして逃げていること。　問五．エ　問六．裕高がおばあちゃんの手を引いて歩いていること。
問七．体の大きな小学生に取りかこまれること。　問八．イ

問題九　問一．明日、晴天だから百姓仕事の準備をしておけという意味。　問二．自然からのメッセージ
問三．Ａ．イ　Ｂ．ア　問四．村の風景のよさは自分だけが感じていればすむことで、伝える意味はなく、いつも見ることができるので記憶する必要もないから。　問五．自分の仕事や暮らしがない非日常の世界
問六．旅行者　問七．ウ→ア→イ　問八．ウ

《算　数》

1　リスニング問題省略

2　(1)17　(2)54　(3) $1\frac{1}{3}$　(4)840　(5)９

3　(1)120　(2)８　(3)90　(4)81

4　(1)12　(2)９

5　(1)３，木　(2)11

6　(1)600　(2)３：11

7　(1)１，２，４，７，14，28，49，98，196　(2)48

8　(1)20　(2)19

9　(1)５　(2)24　(3)７

《英　語》

Listening

Part１～４　リスニング問題省略

Reading＆Writing

Part１　１) an elevator　２) a lake　３) a BBQ　４) an umbrella

Part２　１) no　２) no　３) yes　４) yes　５) no

Part３　１) C　２) A　３) A

Part４　⑴excited　⑵cheese　⑶cafe　⑷A day at the beach.

Part５　１) (best) friend　２) problem　３) question　４) ３〔別解〕Three

５) town centre〔別解〕town center

Part６　１．from　２．better　３．made　４．on　５．After

《理　科》

1　問１．④　問２．④　問３．①　問４．台風　問５．写真D→写真C→写真E

2　問１．③　問２．④　問３．三角フラスコに入れたアルミニウムが全て反応してしまい，うすい塩酸と反応するアルミニウムが無くなったから。　問４．30mL　問５．50mL

3　問１．ヨウ素液　問２．デンプン　問３．②　問４．ア→イ→ウ→エ　問５．子葉に蓄えられた養分が，発芽や成長に用いられるから。　問６．④

4　問１．４　問２．15　問３．２秒　問４．④，⑧　問５．②　問６．6.3cm

《社　会》

1　問１．⑴貝塚　⑵土偶　⑶三内丸山　⑷①青森　②盛岡　問２．⑴①石狩　②石狩　③十勝　④根釧　⑤北方領土　⑵②　問３．⑴②　⑵ペリー　問４．徳川家康　問５．⑴源氏　⑵女房装束〔別解〕十二単　⑶かな文字〔別解〕カタカナ／ひらがな／かな

2　問１．(A)⑤　(B)⑦　(C)②　(D)①　問２．⑴②　⑵環境

3　問１．(A)平和主義　(B)基本的人権　(C)国民主権　問２．②，③，⑤　問３．教育

北星学園女子中学校

←解答例は前のページにありますので，そちらをご覧ください。

2 (1)　与式＝2＋15＝17

(2)　与式＝$36\times\frac{3}{2}=54$

(3)　与式＝$\frac{7}{6}-\frac{3}{6}+\frac{4}{6}=\frac{8}{6}=\frac{4}{3}=1\frac{1}{3}$

(4)　与式＝21×(19＋29－8)＝21×40＝840

(5)　与式より，42＋(3＋18÷□)×2＝52　(3＋18÷□)×2＝52－42　3＋18÷□＝10÷2

18÷□＝5－3　□＝18÷2＝9

3 (1)　右のように記号をおく。正三角形の内角は60°なので，角イ＝60°

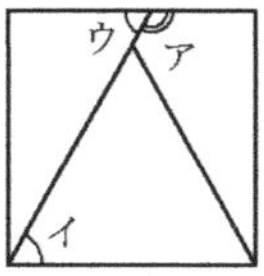

平行線の錯角は等しいから，角ウ＝角イ＝60°　角ア＝180°－60°＝120°

(2)　かげの長さが90cm＝0.9mの棒の高さが1.2mなので，かけの長さが6mの木の

高さは，$1.2\times\frac{6}{0.9}=8$ (m)

(3)　求める時間は，18と30の最小公倍数である，90秒である。

(4)　一番小さい数は，真ん中の数よりも2だけ小さく，一番大きい数よりも4だけ小さい。

よって，一番小さい数の3倍は249－2－4＝243だから，一番小さい数は，243÷3＝81

4 (1)　(平均点)＝(合計点)÷(人数)＝(12＋18＋6＋10＋14)÷5＝60÷5＝12(点)

(2)　**【解き方】(平均点)＝(合計点)÷(人数)より，(合計点)＝(平均点)×(人数)となる。**

合計点は0.6×5＝3(点)高くなっているので，Cさんの得点が3点高く計算されているとわかる。

よって，求める点数は，6＋3＝9(点)

5 (1)　問題の表の続きを考えると，3週目の水曜日が25・26，木曜日が27・1となるので，1番の人が2回目に日直をするのは，3週目の木曜日である。

(2)　**【解き方】3週目の木曜日を27・28，金曜日を29・30，4週目の月曜日を31・32，…のように，27番以降の番号を1番に戻さずに考えると，金曜日は一の位の数が9か0の人が行うことになる。このとき，1番の人の出席番号は，1から27ずつ大きくなる。**

1番の人の出席番号は，1番，28番，55番，82番，109番，…となるから，109番のときに金曜日に日直を行う。

1日2人ずつ日直になるから，1週間で2×5＝10(人)ずつ日直になる。よって，金曜日が109番と110番の人になるのは，110÷10＝11(週目)だから，これが求める週数である。

6 (1)　底面積は6×20＝120(cm²)，高さは5cmだから，容積は，120×5＝600(cm³)

(2)　**【解き方】4回目は容器Aの水の$1-\frac{1}{3}=\frac{2}{3}$を入れて，水でいっぱいになったので，容器Bの容積は容器Aの容積の$3\frac{2}{3}=\frac{11}{3}$(倍)である。**

求める容積の比は，$1:\frac{11}{3}=3:11$

7 (1)　196を素数の積の形で表すと，196＝2×2×7×7となる。

よって，約数は1，2，2×2＝4，7，2×7＝14，2×2×7＝28，7×7＝49，2×7×7＝98，196である。

(2)　**【解き方】(1)より，196＝2×2×7×7＝14×14だから，大きい正方形の一辺の長さは14cmとわかる。**

イの長方形のたての長さは14cmなので，横の長さは，84÷14＝6(cm)

よって，アの正方形の一辺の長さは14－6＝8(cm)だから，ウのたての長さは14－8＝6(cm)，横の長さは8cm

となる。したがって，ウの長方形の面積は，$6\times8=48$(㎠)

8 (1)　3人の部屋に入る人を除くと $139-3=136$(人)いるから，8人ずつ泊まる部屋が $136\div8=17$(部屋)ある。

3人の部屋とあまりの2部屋も入れると，使うことができる部屋は，$17+1+2=20$(部屋)ある。

(2)　**【解き方】つるかめ算を用いる。**

20部屋すべてを使うとして，すべての部屋に泊まる人数を6人にすると，泊まれる人数は $6\times20=120$(人)となり，$139-120=19$(人)少なくなる。1部屋に泊まる人数を6人から7人に変えると，泊まれる人数は1部屋につき1人増えるから，7人の部屋を $19\div1=19$(部屋)にすればよい。

9 (1)　カメは80分で400m進むので，求める速さは，分速($400\div80$)m＝分速5m

(2)　カメはスタートから120m進んだ地点でウサギに追いつく。よって，求める時間は，$120\div5=24$(分後)

(3)　**【解き方】ウサギの速さ→昼寝した地点からゴール地点までにかかる時間，の順で考える。**

ウサギは3分で120m進むから，速さは，分速($120\div3$)m＝分速40m

ウサギが昼寝した地点からゴール地点までは $400-120=280$(m)あるから，あと $280\div40=7$(分)進めばゴールできる。カメがゴールしたときにウサギが起きて進み始めているので，求める時間は7分となる。

■ ご使用にあたってのお願い・ご注意

（1）問題文等の非掲載

著作権上の都合により，問題文や図表などの一部を掲載できない場合があります。

誠に申し訳ございませんが，ご了承くださいますようお願いいたします。

（2）過去問における時事性

過去問題集は，学習指導要領の改訂や社会状況の変化，新たな発見などにより，現在とは異なる表記や解説になっている場合があります。過去問の特性上，出題当時のままで出版していますので，あらかじめご了承ください。

（3）配点

学校等から配点が公表されている場合は，記載しています。公表されていない場合は，記載していません。

独自の予想配点は，出題者の意図と異なる場合があり，お客様が学習するうえで誤った判断をしてしまう恐れがあるため記載していません。

（4）無断複製等の禁止

購入された個人のお客様が，ご家庭でご自身またはご家族の学習のためにコピーをすることは可能ですが，それ以外の目的でコピー，スキャン，転載（ブログ，ＳＮＳなどでの公開を含みます）などをすることは法律により禁止されています。学校や学習塾などで，児童生徒のためにコピーをして使用することも法律により禁止されています。

ご不明な点や，違法な疑いのある行為を確認された場合は，弊社までご連絡ください。

（5）けがに注意

この問題集は針を外して使用します。針を外すときは，けがをしないように注意してください。また，表紙カバーや問題用紙の端で手指を傷つけないように十分注意してください。

（6）正誤

制作には万全を期しておりますが，万が一誤りなどがございましたら，弊社までご連絡ください。

なお，誤りが判明した場合は，弊社ウェブサイトの「ご購入者様のページ」に掲載しておりますので，そちらもご確認ください。

■ お問い合わせ

解答例，解説，印刷，製本など，問題集発行におけるすべての責任は弊社にあります。

ご不明な点がございましたら，弊社ウェブサイトの「お問い合わせ」フォームよりご連絡ください。迅速に対応いたしますが，営業日の都合で回答に数日を要する場合があります。

ご入力いただいたメールアドレス宛に自動返信メールをお送りしています。自動返信メールが届かない場合は，「よくある質問」の「メールの問い合わせに対し返信がありません。」の項目をご確認ください。

また弊社営業日（平日）は，午前９時から午後５時まで，電話でのお問い合わせも受け付けています。

2025春

株式会社教英出版
〒422-8054　静岡県静岡市駿河区南安倍３丁目 12-28
TEL　054-288-2131　　FAX　054-288-2133
URL　https://kyoei-syuppan.net/
MAIL siteform@kyoei-syuppan.net

教英出版の親子で取りくむシリーズ

公立中高一貫校とは？適性検査とは？受検を考えはじめた親子のための最初の１冊！

「概要編」では公立中高一貫校の仕組みや適性検査の特徴をわかりやすく説明し，「例題編」では実際の適性検査の中から，よく出題されるパターンの問題を厳選して紹介しています。実際の問題紙面も掲載しているので受検を身近に感じることができます。

- 公立中高一貫校を知ろう！
- 適性検査を知ろう！
- 教科的な問題〈適性検査ってこんな感じ〉
- 実技的な問題〈さらにはこんな問題も！〉
- おさえておきたいキーワード

定価：1,078円(本体980+税)

適性検査の作文問題にも対応！「書けない」を「書けた！」に導く合格レッスン

「実力養成レッスン」では，作文の技術や素材の見つけ方，書き方や教え方を対話形式でわかりやすく解説。実際の入試作文をもとに，とり外して使える解答用紙に書き込んでレッスンをします。赤ペンの添削例や，「添削チェックシート」を参考にすれば，お子さんが書いた作文をていねいに添削することができます。

- レッスン１ 作文の基本と，書くための準備
- レッスン２ さまざまなテーマの入試作文
- レッスン３ 長文の内容をふまえて書く入試作文
- 実力だめし！入試作文
- 別冊「添削チェックシート・解答用紙」付き

定価：1,155円(本体1,050+税)

絶賛販売中！

詳しくは教英出版で検索

教英出版　検索

URL https://kyoei-syuppan.net/

教英出版　2025年春受験用　中学入試問題集

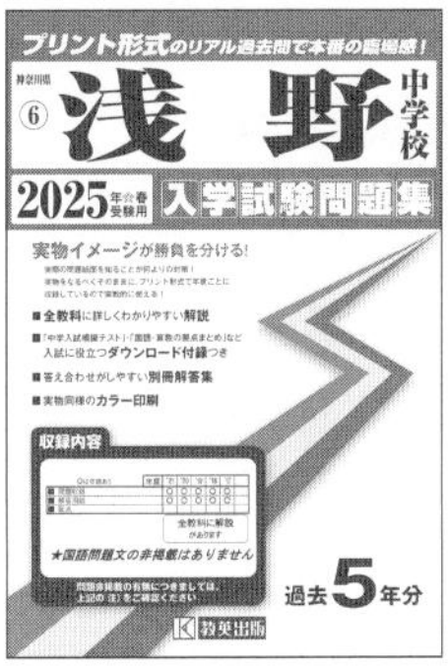

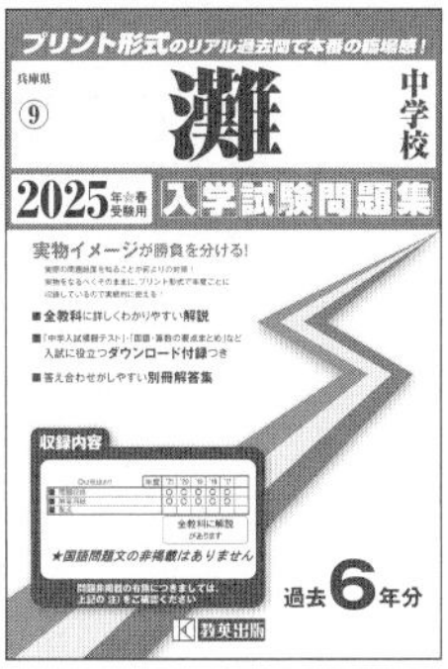

学校別問題集

✿はカラー問題対応

北海道

①[市立]札幌開成中等教育学校
②藤女子中学校
③北嶺中学校
④北星学園女子中学校
⑤札幌大谷中学校
⑥札幌光星中学校
⑦立命館慶祥中学校
⑧函館ラ・サール中学校

青森県

①[県立]三本木高等学校附属中学校

岩手県

①[県立]一関第一高等学校附属中学校

宮城県

①[県立]宮城県古川黎明中学校
②[県立]宮城県仙台二華中学校
③[市立]仙台青陵中等教育学校
④東北学院中学校
⑤仙台白百合学園中学校
⑥聖ウルスラ学院英智中学校
⑦宮城学院中学校
⑧秀光中学校
⑨古川学園中学校

秋田県

①[県立] 大館国際情報学院中学校 / 秋田南高等学校中等部 / 横手清陵学院中学校

山形県

①[県立] 東桜学館中学校 / 致道館中学校

福島県

①[県立] 会津学鳳中学校 / ふたば未来学園中学校

茨城県

①[県立]
日立第一高等学校附属中学校
太田第一高等学校附属中学校
水戸第一高等学校附属中学校
鉾田第一高等学校附属中学校
鹿島高等学校附属中学校
土浦第一高等学校附属中学校
竜ヶ崎第一高等学校附属中学校
下館第一高等学校附属中学校
下妻第一高等学校附属中学校
水海道第一高等学校附属中学校
勝田中等教育学校
並木中等教育学校
古河中等教育学校

栃木県

①[県立] 宇都宮東高等学校附属中学校 / 佐野高等学校附属中学校 / 矢板東高等学校附属中学校

群馬県

① [県立]中央中等教育学校 / [市立]四ツ葉学園中等教育学校 / [市立]太田中学校

埼玉県

①[県立]伊奈学園中学校
②[市立]浦和中学校
③[市立]大宮国際中等教育学校
④[市立]川口市立高等学校附属中学校

千葉県

①[県立] 千葉中学校 / 東葛飾中学校
②[市立]稲毛国際中等教育学校

東京都

①[国立]筑波大学附属駒場中学校
②[都立]白鷗高等学校附属中学校
③[都立]桜修館中等教育学校
④[都立]小石川中等教育学校
⑤[都立]両国高等学校附属中学校
⑥[都立]立川国際中等教育学校
⑦[都立]武蔵高等学校附属中学校
⑧[都立]大泉高等学校附属中学校
⑨[都立]富士高等学校附属中学校
⑩[都立]三鷹中等教育学校
⑪[都立]南多摩中等教育学校
⑫[区立]九段中等教育学校
⑬開成中学校
⑭麻布中学校
⑮桜蔭中学校
⑯女子学院中学校
✿⑰豊島岡女子学園中学校
⑱東京都市大学等々力中学校
⑲世田谷学園中学校
✿⑳広尾学園中学校(第2回)
✿㉑広尾学園中学校(医進・サイエンス回)
㉒渋谷教育学園渋谷中学校(第1回)
㉓渋谷教育学園渋谷中学校(第2回)
㉔東京農業大学第一高等学校中等部(2月1日 午後)
㉕東京農業大学第一高等学校中等部(2月2日 午後)

神奈川県

①［県立］相模原中等教育学校
　　　　平塚中等教育学校
②［市立］南高等学校附属中学校
③［市立］横浜サイエンスフロンティア高等学校附属中学校
④［市立］川崎高等学校附属中学校
✿⑤聖光学院中学校
✿⑥浅野中学校
⑦洗足学園中学校
⑧法政大学第二中学校
⑨逗子開成中学校（1次）
⑩逗子開成中学校（2·3次）
⑪神奈川大学附属中学校（第1回）
⑫神奈川大学附属中学校（第2·3回）
⑬栄光学園中学校
⑭フェリス女学院中学校

新潟県

①［県立］村上中等教育学校
　　　　柏崎翔洋中等教育学校
　　　　燕中等教育学校
　　　　津南中等教育学校
　　　　直江津中等教育学校
　　　　佐渡中等教育学校
②［市立］高志中等教育学校
③新潟第一中学校
④新潟明訓中学校

石川県

①［県立］金沢錦丘中学校
②星稜中学校

福井県

①［県立］高志中学校

山梨県

①山梨英和中学校
②山梨学院中学校
③駿台甲府中学校

長野県

①［県立］屋代高等学校附属中学校
　　　　諏訪清陵高等学校附属中学校
②［市立］長野中学校

岐阜県

①岐阜東中学校
②鶯谷中学校
③岐阜聖徳学園大学附属中学校

静岡県

①［国立］静岡大学教育学部附属中学校
　　　　（静岡·島田·浜松）
②［県立］清水南高等学校中等部
　［県立］浜松西高等学校中等部
　［市立］沼津高等学校中等部
③不二聖心女子学院中学校
④日本大学三島中学校
⑤加藤学園暁秀中学校
⑥星陵中学校
⑦東海大学付属静岡翔洋高等学校中等部
⑧静岡サレジオ中学校
⑨静岡英和女学院中学校
⑩静岡雙葉中学校
⑪静岡聖光学院中学校
⑫静岡学園中学校
⑬静岡大成中学校
⑭城南静岡中学校
⑮静岡北中学校
⑯常葉大学附属常葉中学校
　常葉大学附属橘中学校
　常葉大学附属菊川中学校
⑰藤枝明誠中学校
⑱浜松開誠館中学校
⑲静岡県西遠女子学園中学校
⑳浜松日体中学校
㉑浜松学芸中学校

愛知県

①［国立］愛知教育大学附属名古屋中学校
②愛知淑徳中学校
③名古屋経済大学市邨中学校
　名古屋経済大学高蔵中学校
④金城学院中学校
⑤椙山女学園中学校
⑥東海中学校
⑦南山中学校男子部
⑧南山中学校女子部
⑨聖霊中学校
⑩滝中学校
⑪名古屋中学校
⑫大成中学校
⑬愛知中学校
⑭星城中学校
⑮名古屋葵大学中学校
　（名古屋女子大学中学校）
⑯愛知工業大学名電中学校
⑰海陽中等教育学校（特別給費生）
⑱海陽中等教育学校（I·II）
⑲中部大学春日丘中学校
新刊⑳名古屋国際中学校

三重県

①［国立］三重大学教育学部附属中学校
②暁中学校
③海星中学校
④四日市メリノール学院中学校
⑤高田中学校
⑥セントヨゼフ女子学園中学校
⑦三重中学校
⑧皇學館中学校
⑨鈴鹿中等教育学校
⑩津田学園中学校

滋賀県

①［国立］滋賀大学教育学部附属中学校
②［県立］河瀬中学校
　　　　守山中学校
　　　　水口東中学校

京都府

①［国立］京都教育大学附属桃山中学校
②［府立］洛北高等学校附属中学校
③［府立］園部高等学校附属中学校
④［府立］福知山高等学校附属中学校
⑤［府立］南陽高等学校附属中学校
⑥［市立］西京高等学校附属中学校
⑦同志社中学校
⑧洛星中学校
⑨洛南高等学校附属中学校
⑩立命館中学校
⑪同志社国際中学校
⑫同志社女子中学校（前期日程）
⑬同志社女子中学校（後期日程）

大阪府

①［国立］大阪教育大学附属天王寺中学校
②［国立］大阪教育大学附属平野中学校
③［国立］大阪教育大学附属池田中学校

④[府立]富田林中学校
⑤[府立]咲くやこの花中学校
⑥[府立]水都国際中学校
⑦清風中学校
⑧高槻中学校(A日程)
⑨高槻中学校(B日程)
⑩明星中学校
⑪大阪女学院中学校
⑫大谷中学校
⑬四天王寺中学校
⑭帝塚山学院中学校
⑮大阪国際中学校
⑯大阪桐蔭中学校
⑰開明中学校
⑱関西大学第一中学校
⑲近畿大学附属中学校
⑳金蘭千里中学校
㉑金光八尾中学校
㉒清風南海中学校
㉓帝塚山学院泉ヶ丘中学校
㉔同志社香里中学校
㉕初芝立命館中学校
㉖関西大学中等部
㉗大阪星光学院中学校

兵庫県

①[国立]神戸大学附属中等教育学校
②[県立]兵庫県立大学附属中学校
③雲雀丘学園中学校
④関西学院中学部
⑤神戸女学院中学部
⑥甲陽学院中学校
⑦甲南中学校
⑧甲南女子中学校
⑨灘中学校
⑩親和中学校
⑪神戸海星女子学院中学校
⑫滝川中学校
⑬啓明学院中学校
⑭三田学園中学校
⑮淳心学院中学校
⑯仁川学院中学校
⑰六甲学院中学校
⑱須磨学園中学校(第1回入試)
⑲須磨学園中学校(第2回入試)
⑳須磨学園中学校(第3回入試)
㉑白陵中学校
㉒夙川中学校

奈良県

①[国立]奈良女子大学附属中等教育学校
②[国立]奈良教育大学附属中学校
③[県立]国際中学校
青翔中学校
④[市立]一条高等学校附属中学校
⑤帝塚山中学校
⑥東大寺学園中学校
⑦奈良学園中学校
⑧西大和学園中学校

和歌山県

①[県立]古佐田丘中学校
向陽中学校
桐蔭中学校
日高高等学校附属中学校
田辺中学校
②智辯学園和歌山中学校
③近畿大学附属和歌山中学校
④開智中学校

岡山県

①[県立]岡山操山中学校
②[県立]倉敷天城中学校
③[県立]岡山大安寺中等教育学校
④[県立]津山中学校
⑤岡山中学校
⑥清心中学校
⑦岡山白陵中学校
⑧金光学園中学校
⑨就実中学校
⑩岡山理科大学附属中学校
⑪山陽学園中学校

広島県

①[国立]広島大学附属中学校
②[国立]広島大学附属福山中学校
③[県立]広島中学校
④[県立]三次中学校
⑤[県立]広島叡智学園中学校
⑥[市立]広島中等教育学校
⑦[市立]福山中学校
⑧広島学院中学校
⑨広島女学院中学校
⑩修道中学校
⑪崇徳中学校
⑫比治山女子中学校
⑬福山暁の星女子中学校
⑭安田女子中学校
⑮広島なぎさ中学校
⑯広島城北中学校
⑰近畿大学附属広島中学校福山校
⑱盈進中学校
⑲如水館中学校
⑳ノートルダム清心中学校
㉑銀河学院中学校
㉒近畿大学附属広島中学校東広島校
㉓AICJ中学校
㉔広島国際学院中学校
㉕広島修道大学ひろしま協創中学校

山口県

①[県立]下関中等教育学校
高森みどり中学校
②野田学園中学校

徳島県

①[県立]富岡東中学校
川島中学校
城ノ内中等教育学校
②徳島文理中学校

香川県

①大手前丸亀中学校
②香川誠陵中学校

愛媛県

①[県立]今治東中等教育学校
松山西中等教育学校
②愛光中学校
③済美平成中等教育学校
④新田青雲中等教育学校

高知県

①[県立]安芸中学校
高知国際中学校
中村中学校

福岡県

①[国立]福岡教育大学附属中学校
（福岡・小倉・久留米）

②[県立]
育徳館中学校
門司学園中学校
宗像中学校
嘉穂高等学校附属中学校
輝翔館中等教育学校

③西南学院中学校
④上智福岡中学校
⑤福岡女学院中学校
⑥福岡雙葉中学校
⑦照曜館中学校
⑧筑紫女学園中学校
⑨敬愛中学校
⑩久留米大学附設中学校
⑪飯塚日新館中学校
⑫明治学園中学校
⑬小倉日新館中学校
⑭久留米信愛中学校
⑮中村学園女子中学校
⑯福岡大学附属大濠中学校
⑰筑陽学園中学校
⑱九州国際大学付属中学校
⑲博多女子中学校
⑳東福岡自彊館中学校
㉑八女学院中学校

佐賀県

①[県立]
香楠中学校
致遠館中学校
唐津東中学校
武雄青陵中学校

②弘学館中学校
③東明館中学校
④佐賀清和中学校
⑤成穎中学校
⑥早稲田佐賀中学校

長崎県

①[県立]
長崎東中学校
佐世保北中学校
諫早高等学校附属中学校

②青雲中学校
③長崎南山中学校
④長崎日本大学中学校
⑤海星中学校

熊本県

①[県立]
玉名高等学校附属中学校
宇土中学校
八代中学校

②真和中学校
③九州学院中学校
④ルーテル学院中学校
⑤熊本信愛女学院中学校
⑥熊本マリスト学園中学校
⑦熊本学園大学付属中学校

大分県

①[県立]大分豊府中学校
②岩田中学校

宮崎県

①[県立]五ヶ瀬中等教育学校

②[県立]
宮崎西高等学校附属中学校
都城泉ヶ丘高等学校附属中学校

③宮崎日本大学中学校
④日向学院中学校
⑤宮崎第一中学校

鹿児島県

①[県立]楠隼中学校
②[市立]鹿児島玉龍中学校
③鹿児島修学館中学校
④ラ・サール中学校
⑤志學館中等部

沖縄県

①[県立]
与勝緑が丘中学校
開邦中学校
球陽中学校
名護高等学校附属桜中学校

もっと過去問シリーズ

北海道

北嶺中学校
7年分（算数・理科・社会）

静岡県

静岡大学教育学部附属中学校
（静岡・島田・浜松）
10年分（算数）

愛知県

愛知淑徳中学校
7年分（算数・理科・社会）
東海中学校
7年分（算数・理科・社会）
南山中学校男子部
7年分（算数・理科・社会）
南山中学校女子部
7年分（算数・理科・社会）
滝中学校
7年分（算数・理科・社会）
名古屋中学校
7年分（算数・理科・社会）

岡山県

岡山白陵中学校
7年分（算数・理科）

広島県

広島大学附属中学校
7年分（算数・理科・社会）
広島大学附属福山中学校
7年分（算数・理科・社会）
広島学院中学校
7年分（算数・理科・社会）
広島女学院中学校
7年分（算数・理科・社会）
修道中学校
7年分（算数・理科・社会）
ノートルダム清心中学校
7年分（算数・理科・社会）

愛媛県

愛光中学校
7年分（算数・理科・社会）

福岡県

福岡教育大学附属中学校
（福岡・小倉・久留米）
7年分（算数・理科・社会）
西南学院中学校
7年分（算数・理科・社会）
久留米大学附設中学校
7年分（算数・理科・社会）
福岡大学附属大濠中学校
7年分（算数・理科・社会）

佐賀県

早稲田佐賀中学校
7年分（算数・理科・社会）

長崎県

青雲中学校
7年分（算数・理科・社会）

鹿児島県

ラ･サール中学校
7年分（算数・理科・社会）

※もっと過去問シリーズは
国語の収録はありません。

教英出版
〒422-8054
静岡県静岡市駿河区南安倍3丁目12−28
TEL 054-288-2131
FAX 054-288-2133
詳しくは教英出版で検索
教英出版 検索
URL https://kyoei-syuppan.net/

二〇二四年度　北星学園女子中学高等学校入学試験（1期）問題用紙　国語

（45分）

問題一　次の①～③の――部を漢字と送り仮名で書きなさい。④～⑩の――部は漢字で書きなさい。（各1点）

① きっぱりとコトワル。
② アヤマチを反省する。
③ 商店をイトナム。
④ 学校を市民にカイホウする。
⑤ キンコから宝石をぬすむ。
⑥ バスがコンザツする。
⑦ ゴウジョウな性格。
⑧ タンジュンな理由。
⑨ テレビがコショウする。
⑩ ありのギョウレツを見る。

問題二　次の文の――線部の言葉を敬語に直すとき、最もあてはまるものをあとから選んで答えなさい。（各1点）

① お客様からのおみやげのケーキを、夕食後に食べる。（　めしあがる　　食べられる　　いただく　）
② 先生がうちに来るのはいつですか。（　いらっしゃる　　来るらしい　　まいる　）
③ 鈴木氏が多くの国でした活動は本当にすばらしい。（　なさった　　行った　　いたした　）

問題三　次の文の空らんにあてはまる語句を、あとの語群から選びなさい。（各2点）

① 昔のおさななじみも元気で過ごしていると（　　）の便りに聞いた。
② 夜中にさわいでいたので、父の（　　）が落ちた。

語群（　雲　　雨　　雷《かみなり》　　雪　　風　）

問題四　次の①～③にあてはまる外来語をあとの語群から一つずつ選びなさい。また、（A）～（C）にそれぞれあてはまる漢字一字を答え、上の外来語と同じ意味の言葉を完成させなさい。（各1点）

① 窓口の不親切な対応に（　①　）をつける。　＝（　A　）情
② 毎年、洋服の（　②　）が変わる。　＝（　B　）行
③ ピアノの先生に（　③　）をもらう。　＝（　C　）言

語群（　ブーム　アドバイス　ノウハウ　リスク　クレーム　バランス　テーマ　チャンス　）

問題五　次の①と②の文章は、それぞれ何について書かれていますか。①は五字以内、②は十字以内で答えなさい。（各2点）

① 今朝は、ベッドからなかなか出られなかった。とても寒かったからだ。ストーブをつけたが、なかなか部屋があたたまらなかった。
② 野菜は、種類によってゆでる方法が異なる。大根、にんじん、ごぼう、いも類などは水からゆで、ほうれん草、小松菜、キャベツなどは熱湯でゆでる。

問題六　漢字の熟語について、あきらさんとみどりさんが会話をしています。よく読み、あとの問いに答えなさい。（3点）

あきらさん「漢字の勉強をしていて、発見したことがあるんだ。」
みどりさん「どんな発見をしたの。」
あきらさん「二文字の熟語には発音が変化するものがあるんだ。たとえば『赤』と『組』で『あかぐみ』と読むよね。ほら、何か気づかないかな。」
みどりさん「あっ、なるほどね。わかったわ。」
あきらさん「だから、ぼくは、熟語の読み方に注目してグループを作ってみたんだ。」

Aグループ　赤組・昔話・星空	Bグループ　色紙・人気・生物

みどりさん「おもしろいわね。じゃあ『風車』は、どちらのグループに入るのかしら。」
あきらさん「あっ、AとBのどちらのグループにも入るね。」

問い：「風車」はなぜAグループとBグループのどちらにも入るといえるのですか。その理由を説明しなさい。

問題七　次の文章を読んであとの問いに答えなさい。

クラスの中でうまくやっていけない中学一年生の雅也《まさや》は、夏休みを利用して養蜂場《ようほうじょう》をいとなむおじさんのいる北海道へ来ている。

しばらくすると、また①ぼくの悪いくせが、②頭をもたげた。

たいくつ。

じっとしているのが苦痛になってきた。

おじさんたちの話を聞くのには、あきてきたし、かといって、海鳴たちの、ルールのよくわからない追いかけっこに参加する気も起きない。

考える前に体は動き出す。

そうだ、みつばちを見てこよう。きょうも元気にしているだろうか。

養蜂場の建物の裏へ行くと、この前おじさんに見せてもらった巣箱が、草むらに、静かにたたずんでいた。

数えてみると、きょうは十八箱と、この前よりも少ない。みつばちは、どこかで蜜《みつ》を集めているのか姿はない。

この暑いのにたいへんだ。

ぼくはふと、③いいことを思いついた。

みつばちが帰ってきて、巣箱の中がすずしくなっていたら、さぞかしうれしいだろう。

よし。水をかけて冷やしておいてあげよう。たしかおじさんも、氷や水で、巣箱を冷やしてあげると言ってた。

水道の蛇口《じゃぐち》に、青いホースがつけてある。畑の水やりや、巣箱を洗うときに使うのだろう。

「ひゃあー。これはすずしくて、うれしいわぁ」

みつばちの声が聞こえてきそうだ。

「ひゃっほー」

ぼくは声を上げて、ホースから水しぶきを上げた。

そのときだ。

「おい、やめろ。なにをしてるんだ！」

ふりむくと、おじさんが④血相を変えて、水道の元栓《もとせん》にかけよるところだった。

すぐに、よくないことが起きているとさとったぼくは、ホースを自分の足もとに向け、くつを⑤ぬらしてしまった。

「あの、ぼく、巣箱をすずしくしてあげようと思って……」

おじさんがいっしゅん、遠くの空を見て、いかりをのみこもうとしているのがわかった。

「そういうことな。しかし、水をまくなら、巣門[注1]を閉めてからにしないと、箱の中まで、水びたしだ。雅也だって、ふとんがぬれてたら、気持ち悪くて、寝《ね》られないだろ」

「うん、それならわかる。ぬらしたことなら、何回もあるし」

「あはは。おじさんもある。そんなことより、みつばちの世話は、気分ですることじゃないからな。なにかしようと思ったときには、ひとこと言ってくれ」

「ごめんなさい」

「ああ」

おじさんは、ざざっと草をふんで、巣箱をのぞきこんだ。

「まあ、これくらいならだいじょうぶだ」

「ぼく、ほんとに、みつばちによろこんでもらおうと思って」

「そうか。しかし、みつばちは、普通《ふつう》がいちばん安心で安全なのさ」

おじさんが、こともなげに言ったその「普通」という言葉に、ぼくのイケナイスイッチが、入ってしまった。

「普通って、なんなの、おじさん。⑥それがわからないし、できないから、ぼくは困ってるのに。そんなに簡単に、普通普通って言わないでよ」

「そうだった。ごめんな。しかしそんなに、普通にこだわることもない。雅也の普通と、ほかの子の普通は、ちがっていてあたりまえだ。いまだって、まさか水にぬれただけで、みつばちが死んじゃうなんて、雅也には、考えられなかっただろう。でもそれが、みつばちにとっての、普通なんだ」

「死んじゃうの？」

「少しくらいなら、仲間が羽であおいで、かわかしてくれる。でも、ずぶぬれになってしまうと、アウトだ」

おじさんはそう言って、やさしく肩《かた》に手を置いた。でもぼくはその手をふりはらった。

「向こうで待ってるから」

さびしそうに言うと、おじさんは歩いていった。

ぼくって、やっぱり、最悪なやつなんだ。

なにも知らずに、みつばちを殺そうとしていた。

情けなくて、情けなくて、涙《なみだ》が出てきた。

海鳴たちが呼びに来るまで、ぼくは三十分くらい、⑦動かなくなった心をもてあましていた。

（村上しいこ『みつばちと少年』より）

※「巣門」…みつばちが出入りする巣の入り口のこと。

問一 ――①「ぼくの悪いくせ」とありますが、どのようなことですか。文中の語句を使って三十字以内で答えなさい。（5点）

問二 ――②「頭をもたげる」の意味として最も適当なものを次のア～エから一つ選び、記号で答えなさい。（3点）

ア わき上がる　イ 困りはてる　ウ おさえこむ　エ なやみ苦しむ

問三 ――③「いいことを思いついた」とありますが、主人公は、なぜ、なんのために、どのようなことを思いついたのですか。空らんA～Cに入る内容を考えて書き、その答えを完成させなさい。（各2点）

「（　A　）ので、（　B　）ために、（　C　）こと。」

問四 ――④「血相を変えて」とありますが、この時のおじさんの気持ちを表している言葉を、文中からぬき出しなさい。（4点）

問五 ――⑤「ぬらしてしまった」の主語にあたる言葉を、次のア～エから一つ選び、記号で答えなさい。（4点）

ア すぐに　イ よくないことが　ウ ぼくは　エ くつを

問六 ――⑥「それ」とありますが、何を指しますか。文中からぬき出しなさい。（4点）

問七 ――⑦「動かなくなった心をもてあましていた」とありますが、このときの雅也の気持ちとして最も適当なものを次のア～エから選び、記号で答えなさい。（4点）

ア 自分がみつばちに対して行ったことの重大さから、これ以上自分は何もしてはいけないと強くいましめる気持ち。

イ なにも知らずにみつばちを殺そうとしていたことに気づいて、自分が情けなくてどうしてよいかわからない気持ち。

ウ やさしくしてくれるおじさんに冷たい態度をとってしまう最悪な自分に涙が出て、何もすることができない気持ち。

エ 自分のことを理解してくれずに歩いて行ったおじさんに対して、今後どのように接したらよいのか思いなやむ気持ち。

問題八 次の文章を読んで、あとの問いに答えなさい。

①表情や視線とともに大切なことが、体の動き（しぐさ）や姿勢です。これも文化によっていろいろと違《ちが》っています。

先日も、アメリカへ行った人が、バイバイのやり方の違いに驚《おどろ》いた、と話してくれました。日本では、バイバイはふつう手を横に振《ふ》るようですが、アメリカやヨーロッパなどでは手の平を相手にむけて閉じたり開いたりしてバイバイのしぐさをする人が多いからです。バイバイのしぐさだと誤解をすることはないでしょうが、②中には誤解をしてしまいそうなしぐさもあります。

以前、ブルガリアで英語を教えていた先生から、ブルガリアでは、「はい、そうです」の時に首を横に振り、「いいえ」の時に首を縦に振るということを聞いて驚いたことがあります。うなずくしぐさでさえ、違いがある場合があるようです。

首を縦に振るか横に振るかということは誤解のもとになると思われますし、その理由を考えるのもむずかしいのですが、中には理由を聞くと、なるほどと思うこともあります。日本では相手に舌を出すのは「あかんべえ」のサインです（ちなみに、「あかんべえ」は「赤目」が語源といいますから、「あかんべえ」の場合には目の端《はし》の下も下げて赤いところを見せるのが普通《ふつう》です）舌を出しておもしろい顔をするというのが基本的な意味で、それが、相手を③あざけるときにも使われるのでしょう。

一方、チベットでは、例えば高僧《こうそう》などを迎《むか》えたとき、伝統的には、相手に敬意を払《はら》うために、少し口を開けて自分の舌を出すという習慣があるそうです。いわゆる「あかんべえ」とは違いますが、少し舌を出すというのは知らない人にとって意外なしぐさに思えます。しかし、私はあなたにはうそを言ったりせず、真心をささげます、というサインなのだそうです。もちろん、あかんべえとは全く違うわけです。舌を見せるというと不思議ですが、④理由を聞くとなるほどと思います。

⑤座り方ひとつをとってもいろいろな文化的意味があります。アメリカでは、机の上に足をのせるような姿勢をとることもしばしばあるようです。これは行儀《ぎょうぎ》のいい姿勢ではないにせよ、リラックスした姿勢の一種というとらえ方があるようです。映画などでもよく見かけます。（　A　）、日本などではめったにそのような姿勢をしません。日本では大変行儀の悪い感じがするのではないでしょうか。この姿勢は、日本とアメリカで、失礼だと受け取られる度合いは少し違うようです。さらに、もしタイで

相手に足の裏を見せる座り方をするとすると、極めて失礼なことになるといいます。文化の違いに無関心でいると、気づかないうちにとても失礼なことをしてしまうというようなことはよくあるので、⑥注意が必要です。

（　B　）、正座は日本ではお行儀のいい座り方ですが、韓国《かんこく》では、どちらかと言えば罪人の座り方というイメージがあるそうです。また、日本では、横座りというのでしょうか、正座を横に崩《くず》したような座り方で座るのは、比較《ひかく》的女性が多いようで、男性はあまりそのような座り方をしませんが、タイでは、礼儀正しい座り方として、男も女も、この正座を横に崩したような横座りをします。ちなみに、タイでは、正式な挨拶《あいさつ》をする場合には両手をそろえて仏様を拝むようにします。

⑦文化によって体の部分の意味付けが違う場合もあります。例えば、インドネシアの多くの地域では、よその人の頭を左手で触《さわ》ったりすると失礼なんだそうです。右手はきれいな手ですが、左手は汚《きたな》い手だからです（例えばトイレで汚い物を触る場合は左手を使います）。人にものを渡《わた》すときも、基本的には右手で渡さないと失礼になります（左手を右腕《うで》に添《そ》えるともっと礼儀正しい）。一方、頭や顔はとても大切な部分で、いちばんきれいにしておくべき部分です（だからスカーフや帽子《ぼうし》をかぶります）。そんな大切な部分を、汚い手である左手で触ったりしては、大変失礼なことになってしまうのです。

このように、姿勢やしぐさもコミュニケーションを成り立たせている重要な要素なのです。

もちろん、話をするときの姿勢の取り方も意外に大切なポイントです。政府首脳の外交会談などでは、よくとなり合わせに座って、同じむきをむいて話をすることがあります。カップルで座る場合も同じかもしれません。これらの場合は、多くの場合、協調的な関係をつくるような雰《ふん》囲気が出ます。同じ外交会談でも、多人数の交渉《こうしょう》員がいて厳しく交渉をするような場合は、多くは対面式に座るようです。

（森山卓郎《たくろう》『コミュニケーションの日本語』岩波ジュニア新書より）

問一　――①「表情や視線とともに大切なことが、体の動き（しぐさ）や姿勢です」とありますが、体の動きや姿勢について、筆者が最も言いたいことが書かれた一文を文中から探し、最初の五字をぬき出しなさい。（4点）

問二　――②「中には誤解をしてしまいそうなしぐさもあります」とありますが、誤解をしてしまいそうなしぐさとして筆者が挙げているのはどのようなしぐさですか。「しぐさ」につながる形で三十五字以内で文中から探し、最初と最後の三字をぬき出しなさい。（完全解答4点）

問三　――③「あざける」の意味として最も適当なものを、次のア～エから選び、記号で答えなさい。（3点）

ア　大事にする　イ　笑わせる　ウ　楽しませる　エ　ばかにする

問四　――④「理由を聞くとなるほどと思います」とありますが、その理由とはどのようなことですか。五十字以内で答えなさい。（8点）

問五　――⑤「座り方ひとつをとってもいろいろな文化的意味があります」とありますが、座り方の文化的意味として**筆者が述べていないもの**を、次のア～エから一つ選び、記号で答えなさい。（4点）

ア　相手に足の裏を見せる座り方をするとタイでは失礼なことになる。

イ　机の上に足をのせる座り方はアメリカではリラックスした姿勢になる。

ウ　正座を横に崩した座り方は日本では礼儀正しい座り方になる。

エ　正座での座り方は、韓国では罪人のイメージにつながる。

問六　空らんAとBに入る最も適当な語句を、次のア～オから一つずつ選び、記号で答えなさい。（各2点）

ア　また　イ　なぜなら　ウ　だから　エ　つまり　オ　しかし

問七　――⑥「注意が必要です」とありますが、どのように注意をすることが必要だと筆者は述べていますか。文中の語句を使って、三十字程度で答えなさい。（5点）

問八　――⑦「文化によって体の部分の意味付けが違う場合もあります」とありますが、具体的にどのようなことですか。次の空らんに当てはまる表現を十五字以内で答えなさい。（4点）

「インドネシアでは［　　　　　］だということ」

問九　本文についてのA～Dさんの会話の中から、最も本文の内容に合うものを一つ選び、記号で答えなさい。（4点）

A　話をするときの姿勢では、となり合わせに座るときん張することが多いので、対面に座ると協調的な関係を作り出すことができるんだということがわかったよ。

B　文化によって体の部分にどんな意味があるか違うので、リラックスした姿勢をするときには特に注意しなくてはいけないね。

C　しぐさや姿勢は自分の意志を示したり交流をしたりするときに大切な要素で、文化によっていろいろと意味が変わってくるのはおもしろいね。

D　表情や視線はコミュニケーションを成り立たせているものだから、常に人にどう見られるかを考えていかないと相手を傷つけてしまうことになるんだね。

２０２４年度　北星学園女子中学高等学校　入学試験問題　算数

(45分)

1　放送を聞いて，次の問いに答えなさい。（各４点，計 12 点）

※音声と放送原稿非公表

(1)　配達会社Ａでは，15 kg の重さの荷物の宅配料金はいくらになるか答えなさい。

(2)　配達会社Ｂでは，15 kg の重さの荷物の宅配料金はいくらになるか答えなさい。

(3)　配達会社Ａの方が，配達会社Ｂよりも配送料金が安くなるのは，荷物の重さが，[ア] kg より重く，[イ] kg 以内の場合である。
ア，イにあてはまる数字を答えなさい。

2　次の計算をしなさい。ただし，(5)は[　　]にあてはまる数字を答えなさい。

（各４点，計 20 点）

(1)　$\frac{5}{4} \div 20$

(2)　$\frac{2}{7} - \frac{3}{14} + 1\frac{1}{2}$

(3)　$84 \div 7 \times (12 - 7)$

(4)　$89 \times 17 - 7 \times 17 + 18 \times 17$

(5)　$4 \times 3 + \left(5 + \square \div 6\right) \times 4 = 48$

3 次の問いに答えなさい。（各 4 点，計 16 点）

(1) 百の位を四捨五入したとき 2000 になる整数のうち，最大の整数を求めなさい。

(2) 次の展開図を組み立ててできる直方体の体積を求めなさい。

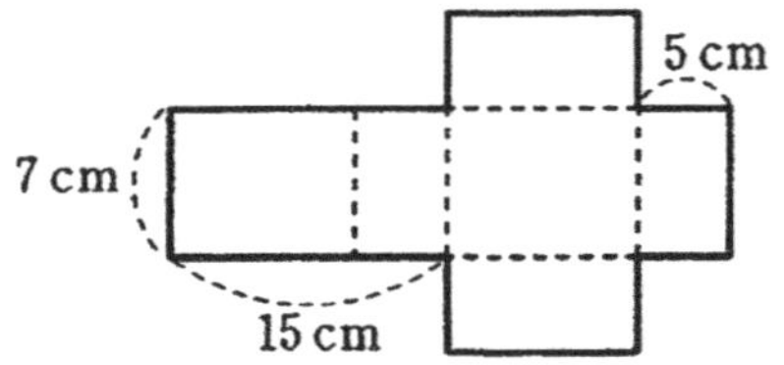

(3) 定価 3000 円の 15 % 引きの値段を求めなさい。

(4) A町からB町まで行きは分速 80 m で歩いたら 15 分かかったので，帰りは分速 100 m で戻ってきました。このとき，帰りにかかった時間を求めなさい。

4 37 人のクラスがあります。このクラスで習い事について調べました。ピアノ教室に通っているのは 24 人，水泳教室に通っているのは 26 人，両方とも通っているのは 18 人いました。このとき，次の問いに答えなさい。
（各 4 点，計 8 点）

(1) ピアノ教室に通っているが，水泳教室には通っていない人の数を求めなさい。

(2) ピアノ教室にも水泳教室にも通っていない人の数を求めなさい。

5 次の問いに答えなさい。（各 4 点，計 8 点）

(1) 下のように，分数が 10 個並んでいます。

$\frac{10}{1}$，$\frac{10}{2}$，$\frac{10}{3}$，$\frac{10}{4}$，$\frac{10}{5}$，$\frac{10}{6}$，$\frac{10}{7}$，$\frac{10}{8}$，$\frac{10}{9}$，$\frac{10}{10}$

10 個の分数のうち，整数で表すことができるものは何個あるか求めなさい。

(2) 下のように，分母が 1 から 100 までの整数である分数が 100 個並んでいます。

$\frac{100}{1}$，$\frac{100}{2}$，$\frac{100}{3}$，$\frac{100}{4}$，…，$\frac{100}{97}$，$\frac{100}{98}$，$\frac{100}{99}$，$\frac{100}{100}$

100 個の分数のうち，整数で表すことができるものは何個あるか求めなさい。

6 星子さんは算数のテストを 5 回受け，5 回目のテストは 74 点でした。このとき，次の問いに答えなさい。（各 4 点，計 8 点）

(1) 4 回目までのテストの平均点が 79 点であるとすると，5 回のテストの平均点は何点か求めなさい。

(2) 5 回のテストの平均点が，4 回目までのテストの平均点より 1.5 点低いとすると，5 回のテストの平均点は何点か求めなさい。

7 次の問いに答えなさい。（各4点，計16点）

(1) 右の図の色のついた部分の面積を求めなさい。

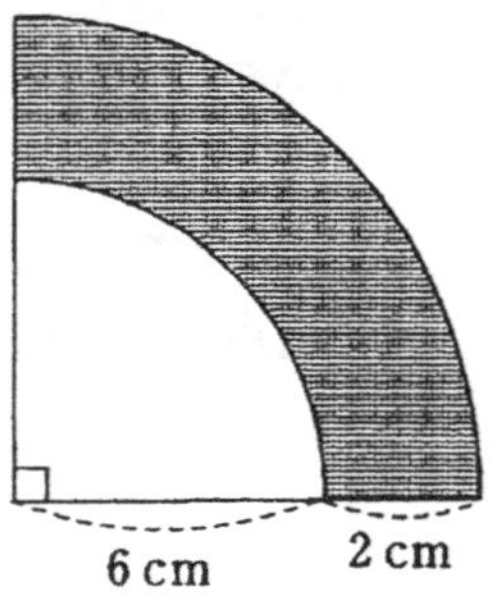

(2) 下の図は，長方形ABCDを，直線EFを折り目として折ったものです。ア，イの角の大きさを求めなさい。

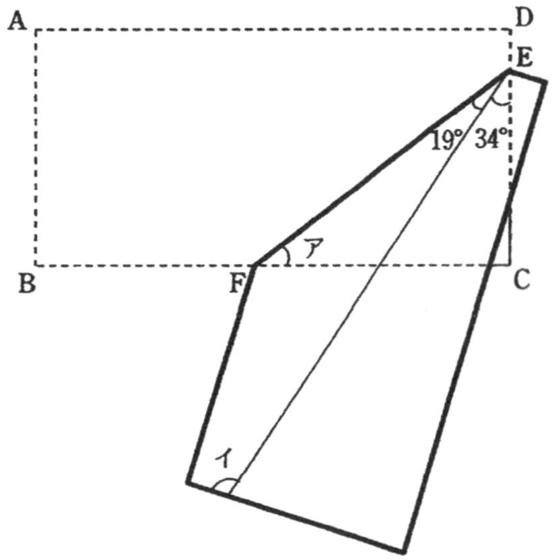

(3) 長方形を図のように折り曲げました。色のついた部分の面積が30 cm^2 であるとき，もとの長方形の面積を求めなさい。

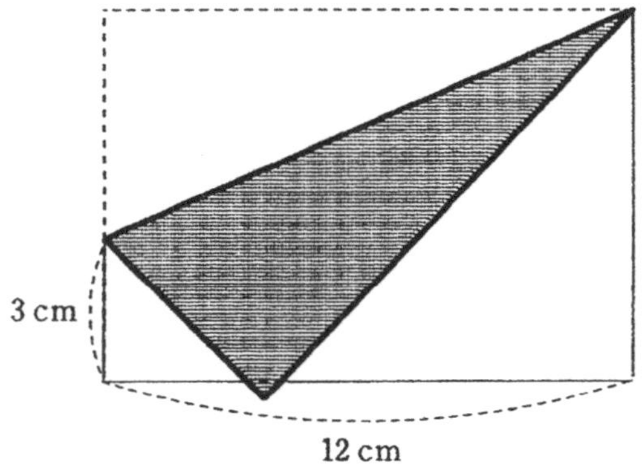

8 星子さんの家から駅まで行く途中には，歩行者用信号機のついた交差点が2カ所あります。それぞれの信号機を信号機Aと信号機Bとします。それぞれの信号機は，次の規則で赤と青が交互につくものとします。ただし，信号機の色が変わるときに点滅することはないものと考えます。

- 信号機Aは，赤が40秒間つき，続いて青が32秒間つくことをくり返す。
- 信号機Bは，赤が36秒間つき，続いて青が48秒間つくことをくり返す。

このとき，次の[　　]にあてはまる数を答えなさい。（各4点，計12点）

(1) 信号機Aが，午前10時ちょうどに青から赤に変わったとします。これを1回目の赤とするとき，3回目の赤がついていたのは，

午前10時[ア]分[イ]秒から午前10時[ウ]分[エ]秒までです。

(2) 午前11時ちょうどに，信号機Aと信号機Bが同時に青から赤に変わったとします。この次に2カ所の信号機が同時に青から赤に変わるのは，

午前11時[オ]分[カ]秒であり，午前11時から正午までの1時間に，

午前11時ちょうども含めて2カ所の信号機が同時に青から赤に変わるのは

[キ]回あります。

２０２４年度　北星学園女子中学高等学校　入学試験問題　英語　(60分)

※100点満点

Listening (30 points)

※音声と放送原稿非公表

Part 1 – 6 questions (1x6=6)

Listen and check the box. There is one example.

Example: What will Tim have for dinner?

1. How did Sam come to school?

2. Which girl is Lucy?

3. What present will John buy?

4. What time is the next class?

10:10	10:20	10:30
□	□	□

5. Where will he put the TV?

6. What desert does Jim want?

Part 2 – 3 questions (2x3=6)

Listen and draw lines. There is one example.

Kate　Peter　Bob　Alex　Sarah　Sally　Lucy

Example

Part 3 – 3 questions (2x3=6)

What did Alex do last week? Listen and draw a line from the day to the correct picture.
There is one example.

Monday

Tuesday

Example

Wednesday

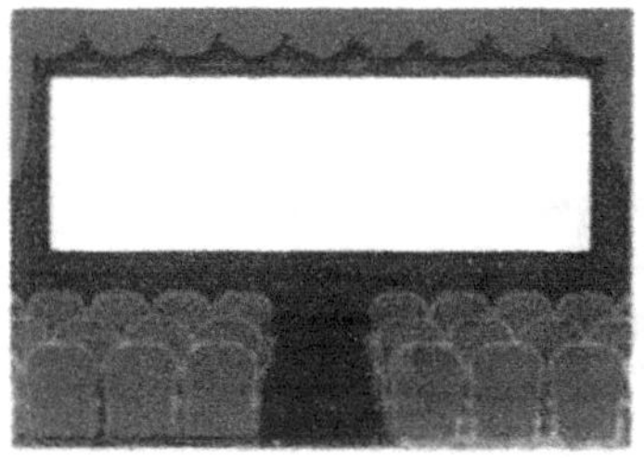

Thursday

Friday

Saturday

Sunday

Part 4 – 4 questions (3x4=12)

Listen and write. There is one example.

Alex

Example: Alex has a ____chocolate____ shop.

1. The shop is called ______________________ .

2. One Brazilian Mountain chocolate is ______________________ yen.

3. Alex first had chocolate when he was ____________________ years old.

4. On Saturday, the first ten people will get a ____________________ bag of chocolates.

Reading & Writing (48 points)

Part 1 – 4 questions (1×4=4)

Look and read. Choose the correct word and write it on the lines. There is one example. Use each word one time.

Example: There are lots of trees here. ____a forest____

1) You use this to dry yourself after a bath. ______________

2) You carry this when you travel. ______________

3) You use this to know what time it is. ______________

4) You put your textbooks on this. ______________

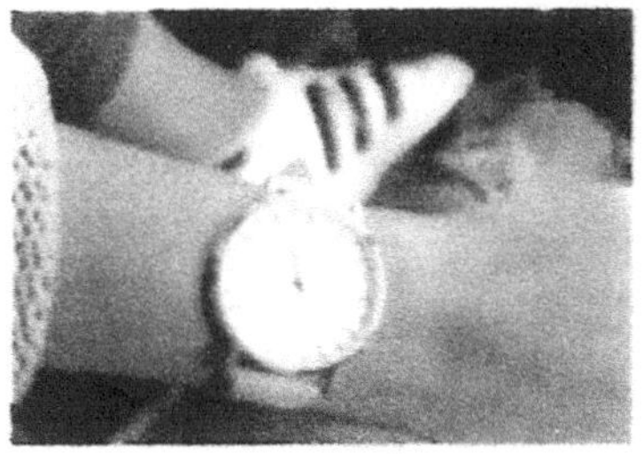
a watch

a plane

a suitcase

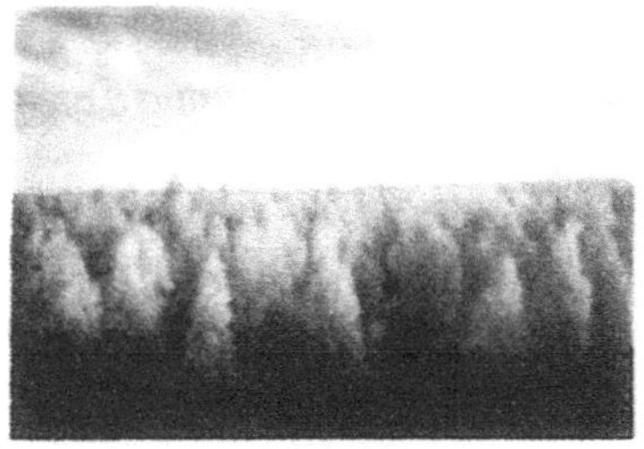
a forest

a desk

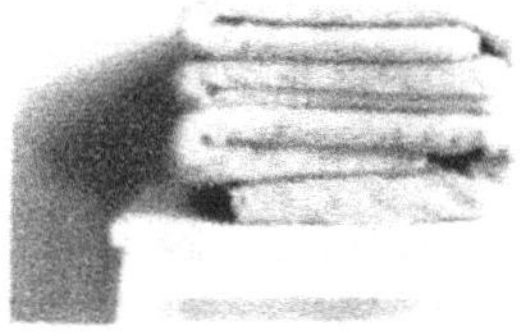
a towel

Part 2 – 5 questions (1x5=5)

Look and read. Write **yes** or **no**. There is one example.

Example There are nine people in the picture. yes

1) The boy with glasses is wearing a green hat. ________

2) There are two presents in boxes. ________

3) It is a birthday party for the girl in the green dress. ________

4) There are six candies on the table. ________

5) The boy in blue is eating a cake. ________

Part 3 – 3 questions (2x3=6)

Read the text and choose the best answer. There is one example.

Example Tom: Do you like reading?

Mark: A I have many books.
B Thank you.
C Yes, I do. C

1) Tom: What book are you reading?
Lucy: A It's a history book.
B Not today.
C I can't read it. ______

2) Tom: Where do you like to read?
Lucy: A I like studying.
B This is a big book.
C In my bedroom. ______

3) Tom: What are you doing tomorrow?
Lucy: A I am going shopping.
B I bought a book.
C I can read. ______

Part 4 – 4 questions (2x4=8)

Read the story. Choose a word from the box. Write the correct word next to numbers 1-3. There is one example.

Lucy went shopping on Saturday. She wanted to buy a 1.____________ present for her younger brother. Lucy didn't know what to buy for him. He likes baseball, so she looked at the baseball bats and gloves. They looked very good, but when she looked at how much they were, she was surprised because they were too 2.____________. Her brother likes music, so she went to look in a CD shop. There were too many different CDs and she couldn't decide. She went back to the baseball shop, but she didn't have enough money to buy them. "Little girl," the shop clerk said. "You are the 100th person in our shop today! You win a baseball bat and glove!" Lucy was 3.____________! Now she had a present for her brother.

Christmas

baseball

expensive

happy

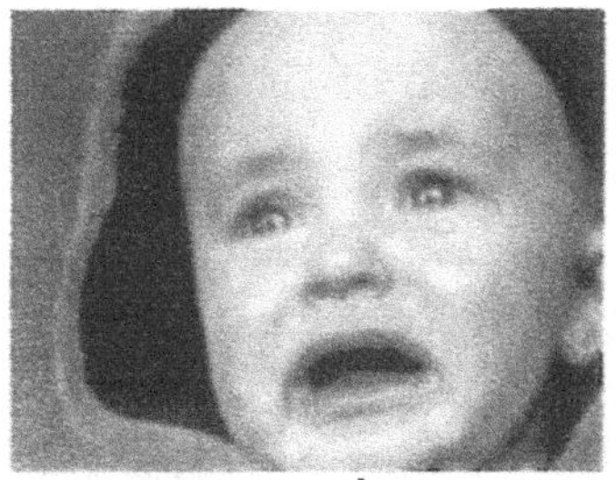
sad

shopping

(4) Now choose the best name for the story.

Check one box.
- ☐ I love baseball.
- ☐ A lucky present.
- ☐ A Christmas party.

Part 5 – 5 questions (3x5=15)

Look at the pictures and read the story. Write some words to complete the sentences about the story. You can use 1 or 2 words. There is one example.

Robert woke up at 5 o'clock on Saturday morning. He usually didn't get up until 8 o'clock, but he was very excited today. It was his sports day and he was going to run the 800 meters. He had practiced every day for four months and he knew that he was fast. He was ready to run. He ate a small breakfast because he was nervous, and his dad drove him to school. His two sisters, his dad, and his mum were all going to watch him run. Everybody hoped that he was faster than all the other runners. "If you win today, we'll have hamburgers at your favorite restaurant later."

Robert carried his bag to the changing room. He put on his running clothes, but he couldn't find his running shoes. They weren't in his bag. He couldn't run in his school shoes. Maybe they were in the car. He ran out to the car, but it was locked. What was he going to do? Suddenly, he heard, "Robert!" His dad was calling him. He was holding Robert's shoes! Robert quickly put his shoes on and ran to the start of the race. The gun went BANG and Robert ran. He ran as fast as he could. Later, he smiled while he was eating his hamburger.

Example Robert's race is on Saturday.

Questions

1) Robert woke up at ________________ o'clock.

2) Robert ate a small breakfast because he was ________________.

3) ________________ people were going to watch Robert run.

4) Robert's ________________ had his running shoes

5) Did Robert win the race? ________________

Part 6 – 5 questions (2x5=10)

Read the text. Choose the correct words and write them on the lines. There is one example.

A New Cat

Example	Last Saturday, Emily's parents __gave__ a cat	give gave given
1	________ her. She was so happy and she started	1 to from in
2	to cry. She ________ wanted a cat. The cat is	2 often always usually
	white and Emily is going to call her Snowy. The	
	first night she was in Emily's house, Snowy slept	
	on Emily's bed. Emily loves to hold Snowy and	
3	play with her. Snowy is very small and ________	3 still pretty only
	very young. She sleeps a lot of the time. Emily	
	sometimes tries to wake her up to play but her	
4	mother tells her ________ to. Her mother says	4 not don't no
	that Snowy needs a lot of sleep so she can grow up	
	to be a big cat. Emily doesn't mind. She loves to	
5	play with Snowy, but she loves to ________ her	5 watch watches watched
	sleep as well. Emily is so happy.	

このページに問題はありません

２０２４年度　北星学園女子中学高等学校　入学試験問題　理科

（30分）

1　サラさんとスミスさんが校庭の植物や動物について話している内容を読んで，あとの問いに答えなさい。（配点12点）

サ　ラ：北星女子の校庭にはたくさんの植物があるね。

スミス：そうだね。その中でもとくにライラックの花がきれいだね。

サ　ラ：5年生のときに花のつくりを勉強したけど，ライラックの花はどうなっているんだろう？ちょっと見てみようよ。

スミス：ライラックは花びらの先が4つに分かれているね。花びらの内側にはおしべが2本とめしべが1本あって，おしべの先に粉がついているよ。

サ　ラ：その粉がライラックの［ア］だね。それがめしべの柱頭につくことを［イ］といって，［イ］すると，［ウ］ができるんだよ。そして，［ウ］の中には［エ］ができるんだよ。

スミス：［イ］は新しい生命をつくるために必要なことなんだね。

サ　ラ：［ア］が虫や風に運ばれて［イ］するんだよ。ほら，あの花に虫が来ているよ。

スミス：あれはモンシロチョウだね。花の蜜《みつ》を吸いにきたのかな。あっちにはミツバチが来ているよ。

サ　ラ：モンシロチョウとミツバチってどちらも昆虫なんだよね。

スミス：そうだよ。昆虫は体が［オ］・胸・腹の3つに分かれていることと，脚《あし》のつき方に共通する特徴《とくちょう》があるんだよ。

サ　ラ：ミツバチの体を絵にすると・・・。たしか，こうなっているんだよね。

スミス：それだと腹にも脚がついているし，脚の数も違《ちが》うよ。

サ　ラ：まちがえちゃった！これだったら正しいよね？

スミス：そうそう，胸の部分に［カ］対《つい》の脚がついているんだよ。

問1　ライラックの花として，最も適当なものを次の①～④から1つ選び，番号で答えなさい。（2点）

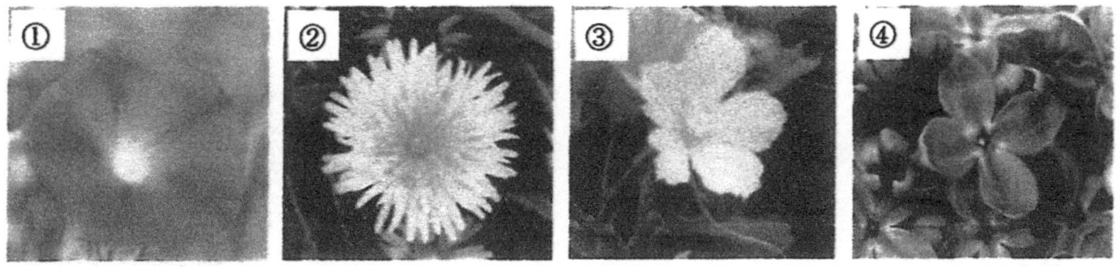

問2　文の［ア］～［エ］に入る語句の組み合わせとして，最も適当なものを次の①～④から1つ選び，番号で答えなさい。（3点）

	ア	イ	ウ	エ
①	受粉	花粉	実	種
②	受粉	花粉	種	実
③	花粉	受粉	実	種
④	花粉	受粉	種	実

問3　文の［オ］に入る言葉を答えなさい。（2点）

問4　下線部でサラさんがかいたミツバチの絵として，最も適当なものを次の①～④から1つ選び，番号で答えなさい。（2点）

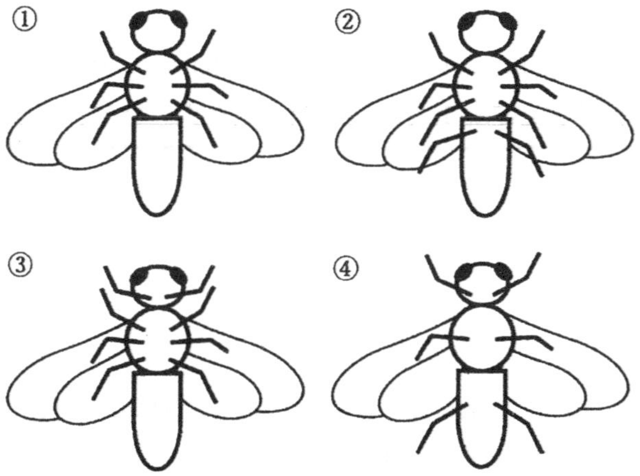

問5　昆虫の脚などを数えるとき，2本を1対と数えます。文の［カ］に入る数字を答えなさい。（3点）

[2] 次の実験Ⅰ～実験Ⅲについて，あとの問いに答えなさい。(配点 13 点)

【実験Ⅰ】

電池と豆電球を用いて回路A～Iを作って，豆電球を光らせた。実験に用いた電池と豆電球は全て同じ種類のものである。

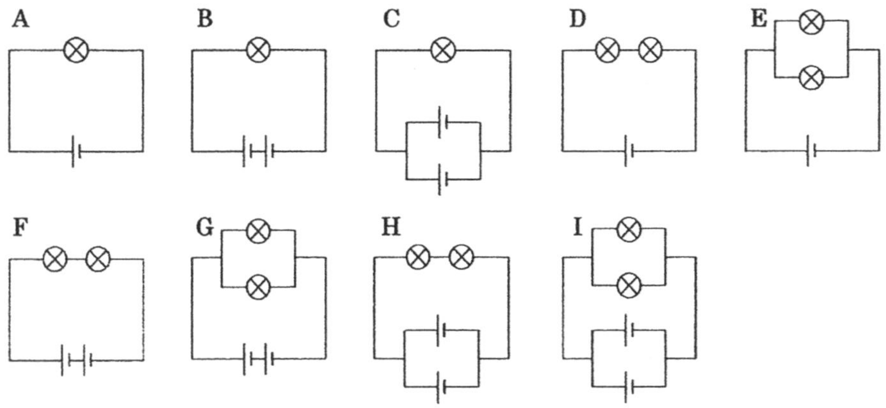

【実験Ⅱ】

実験Ⅰの回路Aの豆電球の代わりに発光ダイオードを用いた回路を用意し，回路Aと明かりがついていた時間を比べた。

【実験Ⅲ】

実験Ⅰの回路A，Bの豆電球を外し，代わりに導線を100回まいたコイルをつないで電磁石a，bを作った。その後，電磁石a，bを多くの鉄のゼムクリップが入った容器に近づけた。

問1　実験Ⅰの回路Cの電池のつなぎ方を何といいますか。(2点)

問2　実験Ⅰについて，豆電球1個に流れる電流の大きさが回路Aと同じである回路を全て選び，B～Iの記号で答えなさい。(3点)

問3　実験Ⅰについて，最も電池が長持ちする回路を選び，A～Iの記号で答えなさい。(2点)

問4　実験Ⅱについて，結果をまとめた次の文の[ア]，[イ]に適当な語句を入れなさい。(各1点)

豆電球と発光ダイオードでは，[ア]の方が明かりがついていた時間が短かった。これは，[ア]の方が効率的に電気を光に変えられず，より多くの電気を[イ]に変えてしまっているからである。

問5　実験Ⅲについて，より多くの鉄のゼムクリップを引きつけたのは，電磁石a，bのどちらですか。(2点)

問6　実験Ⅲについて，電磁石a，bにひきつけられる鉄のゼムクリップの数を同じくらいにしたいときには，電磁石aにどのような工夫をすればよいですか。最も適当なものを次の①～④から1つ選び，番号で答えなさい。(2点)

①　導線のまき数を増やす。　　②　導線のまき数を減らす。

③　導線のまく向きを逆にする。　　④　電池のつなぐ向きを逆にする。

3　下校中のアリスさんとエリさんの会話文を読み，あとの問いに答えなさい。(配点 12 点)

アリス：昨日はすごい雨と風だった。
エ　リ：びっくりした。台風って生まれて初めて体験したよ。今日はいかにもA「台風一過」って感じの天気だね。
アリス：日本は台風だけでなく，B地震《しん》やC火山の噴《ふん》火とかもあって，災害の多い国なんだよね。
エ　リ：だから，D日ごろから災害に対する準備や心がまえが必要だって学んだね。
アリス：うん。授業を真面目に受けていたから，落ち着いていられたわ。
エ　リ：それにしても，通学路が水たまりだらけで歩きづらい。見て！この駐《ちゅう》車場はE砂利がしいてあるから，水たまりがないわ。歩きやすそうだから，横切っちゃう？
アリス：だめだよ，勝手に人の敷《しき》地に入ったら！それに水たまりをよく見てみて，夕焼けが映っていてきれい。
エ　リ：本当だ。F夕焼けが見えているから，明日はきっと晴れるね。
アリス：そうだといいな。

問 1　下線部 A の天気として，最も適当なものを次の①～④から 1 つ選び，番号で答えなさい。(2 点)

①　霧《きり》　　②　雨　　③　くもり　　④　晴れ

問 2　下線部 B について，地震による災害の例を 1 つ挙げなさい。(2 点)

問 3　下線部 C について，火山があることによるめぐみの例を 1 つ挙げなさい。(2 点)

問 4　下線部 D について，あなたや家族が行っている災害に対する準備を書きなさい。(2 点)

問 5　下線部 E の理由について書いた次の文の ア ， イ に入る語句の組み合わせとして，最も適当なものを次の①～④から選び，番号で答えなさい。(2 点)

水の地面へのしみこみ方は土や砂のつぶの ア によって決まり，土や砂のつぶが イ ほど，水がしみこみやすいので，砂利道では水たまりができにくい。

	ア	イ
①	大きさ	小さい
②	大きさ	大きい
③	重さ	軽い
④	重さ	重い

問 6　下線部 F について説明した次の文の ウ ， エ に入る語句の組み合わせとして，最も適当なものを次の①～④から 1 つ選び，番号で答えなさい。(2 点)

日本の天気は ウ から エ へ変わり， ウ の空が晴れて太陽が見えているのが夕焼けなので，次の日が晴れであることが予想できる。

	ウ	エ
①	南	北
②	北	南
③	東	西
④	西	東

4 次の実験Ⅰ～Ⅲについて，あとの問いに答えなさい。(配点 13 点)

【実験Ⅰ】

筒《つつ》の両端《りょうたん》にせんをして，空気を閉じこめた。おしぼうでせんを筒の中にゆっくりとおしこんでいき，閉じこめた空気の体積の変化と空気がおしぼうをおし返す力を調べた。

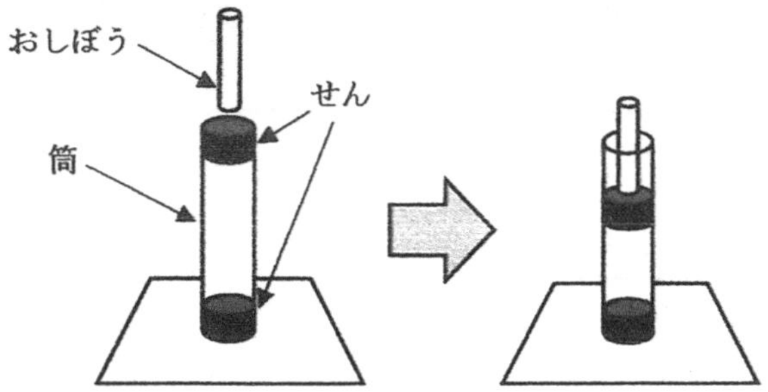

【実験Ⅱ】

筒の両端にせんをして，空気と水を閉じこめた。おしぼうでせんを筒の中におしこんでいき，閉じこめた空気と水の体積の変化を調べた。

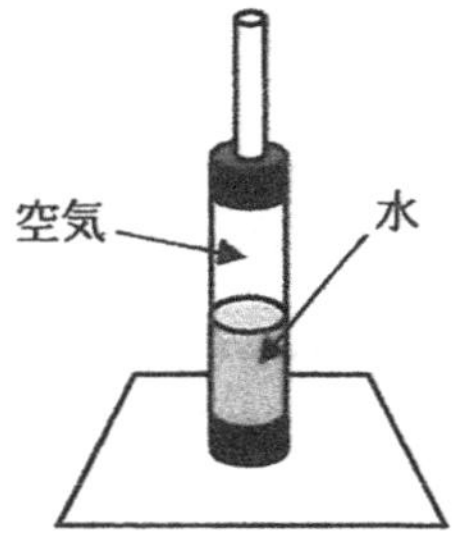

【実験Ⅲ】

筒を水で満たし，キャップをしていない小容器を中に入れて筒の両端にせんをした。おしぼうでせんをおしたときの筒の中の様子を調べた。

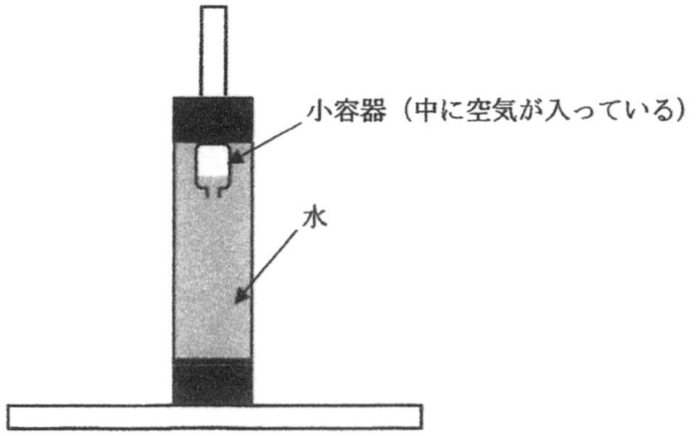

問１　空気は，ちっ素や酸素などの気体のつぶが混ざり合ってできています。筒に閉じこめた空気のちっ素を○，酸素を●で表すとき，ちっ素と酸素の割合を表している図として，最も適当なものを次の①～④から１つ選び，番号で答えなさい。ただし，ちっ素と酸素以外の気体は考えないものとします。(3 点)

①
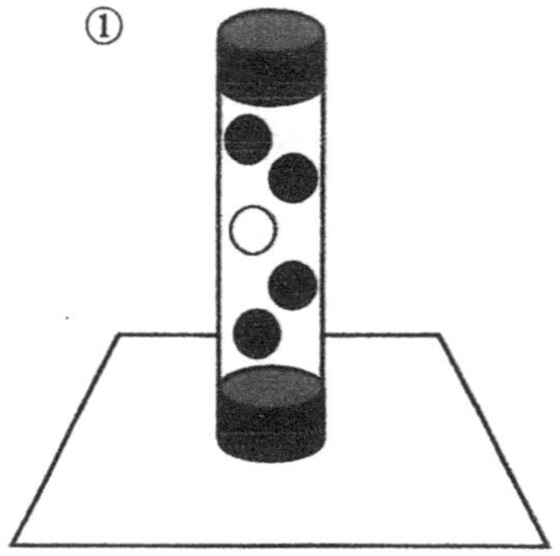

②
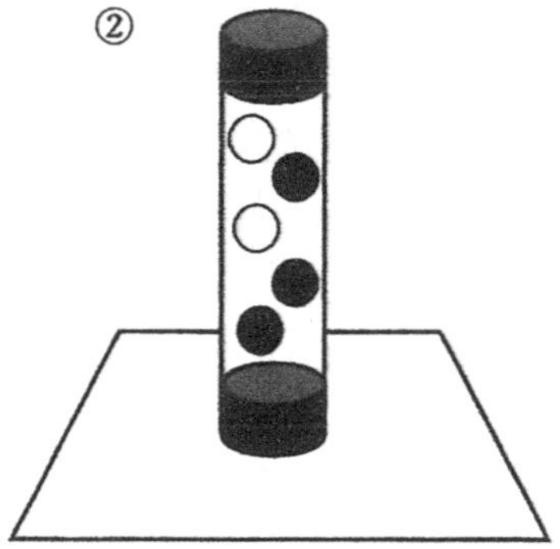

③
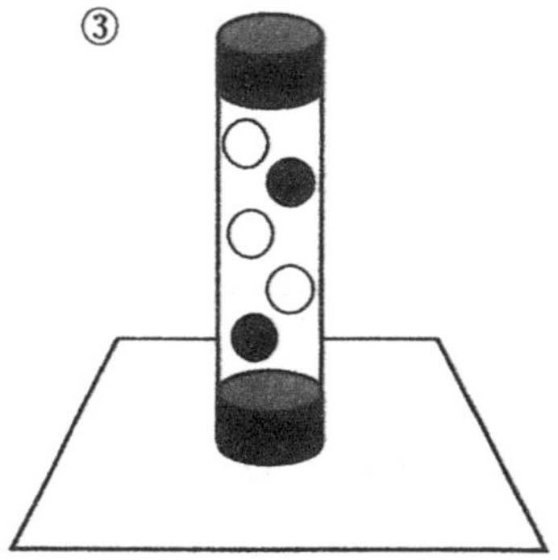

④
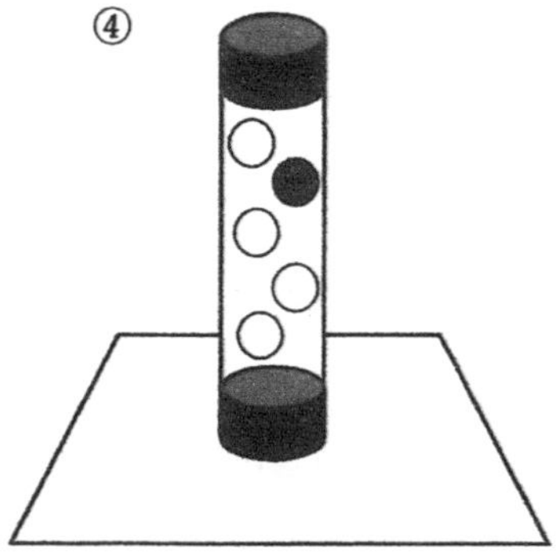

問２　実験Ⅰで，筒に閉じこめた空気の体積を小さくしていくと，おし返す力はどうなりますか。(2 点)

問3　実験Ⅰで，筒に閉じこめた空気の体積をできるだけ小さくした後におしぼうをぬくと，せんはどうなりますか。最も適当なものを次の①～④から1つ選び，番号で答えなさい。(2点)

①　下まで落ちる。　②　少し下がる。
③　そのまま動かない。　④　少し上がる。

問4　実験Ⅰからわかる空気の性質が関係している現象として，最も適当なものを次の①～④から1つ選び，番号で答えなさい。(2点)

①　サッカーボールを床に落とすとはねる。　②　浮き輪が水に浮く。
③　風にのってシャボン玉が飛ぶ。　④　熱気球が上昇する。

問5　実験Ⅱで，閉じこめた空気と水の体積はそれぞれどうなりますか。最も適当なものを次の①～④から1つ選び，番号で答えなさい。(2点)

①　空気も水も体積は変わらない。
②　水の体積は変わらず，空気の体積は小さくなる。
③　空気の体積は変わらず，水の体積は小さくなる。
④　空気も水も体積は小さくなる。

問6　実験Ⅲで，おしぼうでせんをおすと小容器内の空気の体積はどうなりますか。最も適当なものを次の①～③から1つ選び，番号で答えなさい。(2点)

①　変わらない　②　大きくなる　③　小さくなる

２０２４年度　北星学園女子中学高等学校　入学試験問題　社会

(30分)

1　次の会話文を読んで、下の問いに答えなさい。（配点 29 点）

北子：2023年もいろいろなできごとの節目の年だったよね。
星子：そうなの？どんなことがあったのかな？
北子：ちょうど100年前の9月1日にはｱ)関東大震災があったよ。
星子：そうだった。ｲ)日本はｳ)自然災害が多いから、ｴ)防災対策をしっかりしないとね。
北子：そしてｵ)環境基本法が制定されてから30年だよ。環境問題は、ｶ)地球規模で考えていくべき課題だよね。
星子：地球規模で参加しているものというと、オリンピックもあるよね。前回の冬季オリンピックは、ｷ)中国であったのよね。
北子：いろいろな問題があるけど、地球上の国が協力してｸ)平和を作っていかないとね。

問１　下線部ｱ)について、次の問いに答えなさい。

(1)　下の①～⑧の県のうち、関東地方に含まれないものを２つ選び、番号で答えなさい。（各１点）

① 茨城県　② 群馬県　③ 千葉県　④ 新潟県
⑤ 埼玉県　⑥ 神奈川県　⑦ 山梨県　⑧ 栃木県

(2)　下の地図中Ａの河川名と、その流域に広がる日本最大の平野名を答えなさい。（各１点）

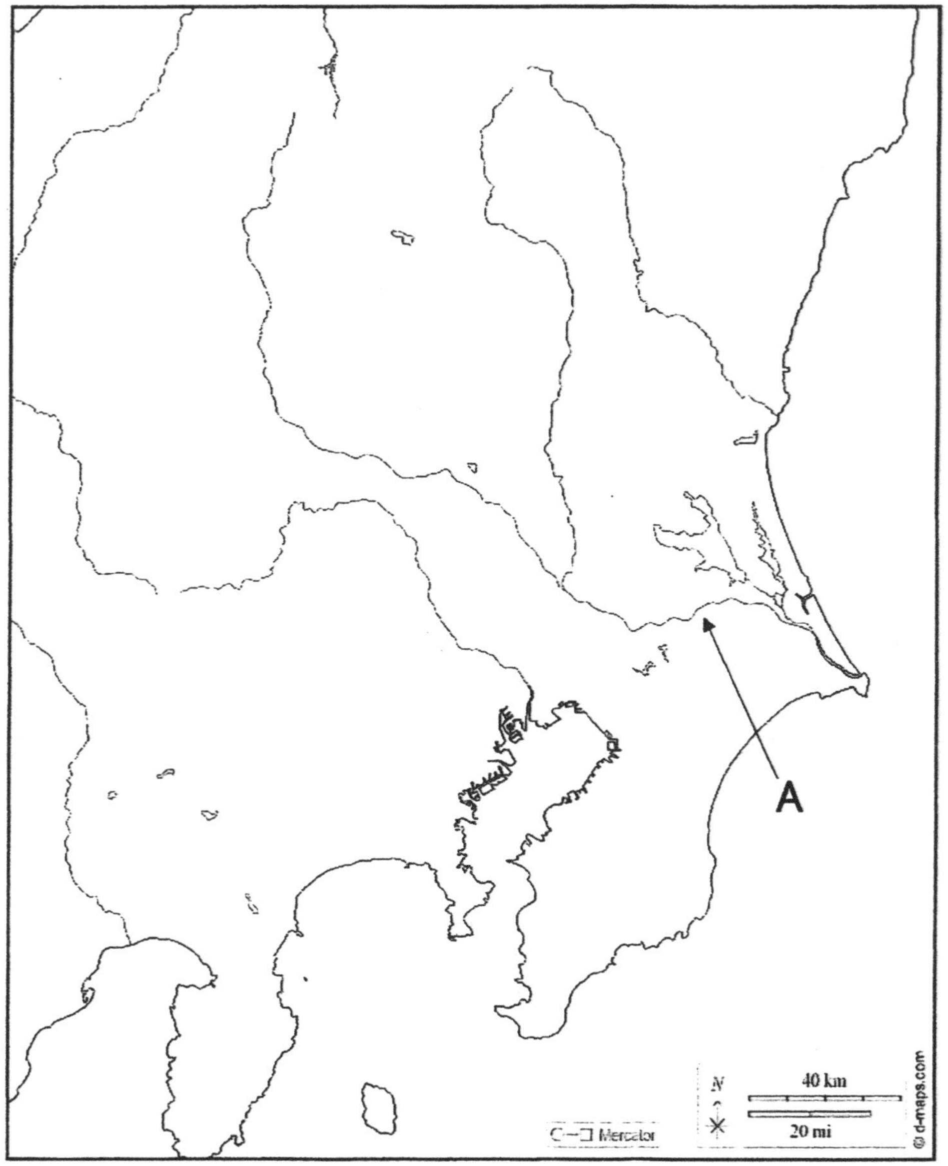

[d-map.com より作成]

(3)　東京の雨温図として正しいものを次の①～③から 1 つ選び、番号で答えなさい。(2 点)

①

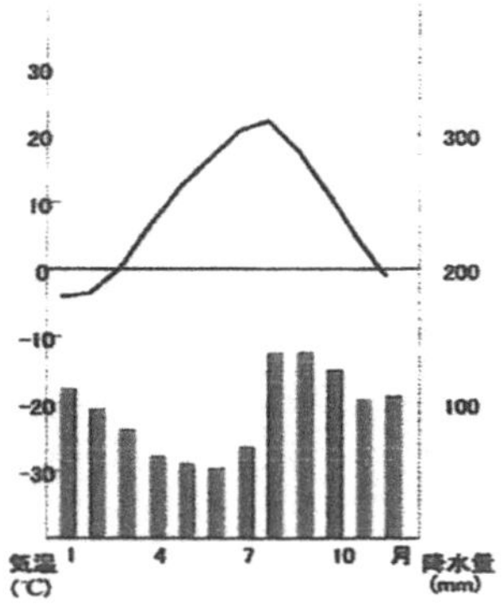

②

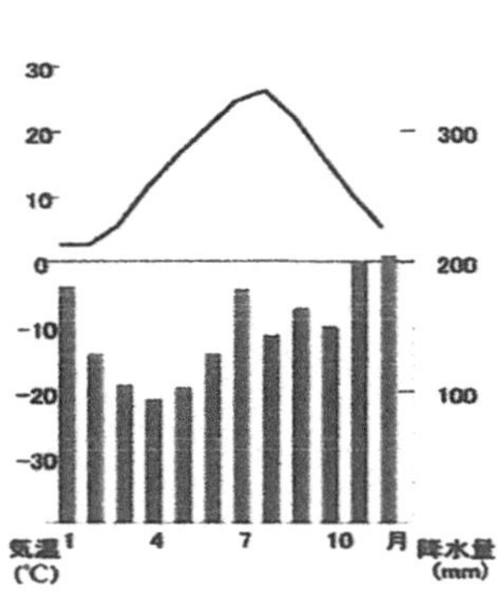

③

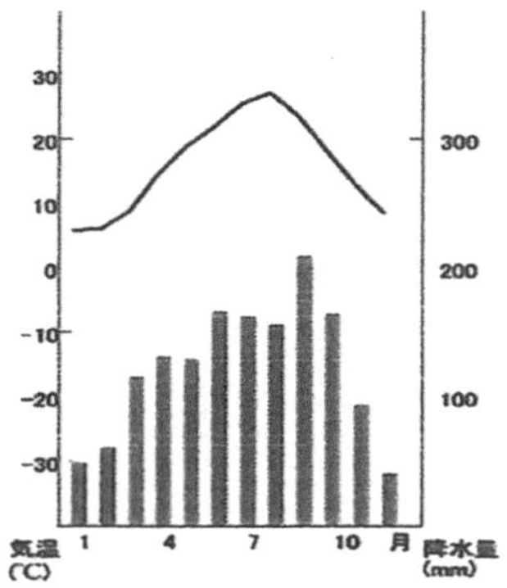

問２　下線部ｲ)について、次の地図をみて、下の問いに答えなさい。

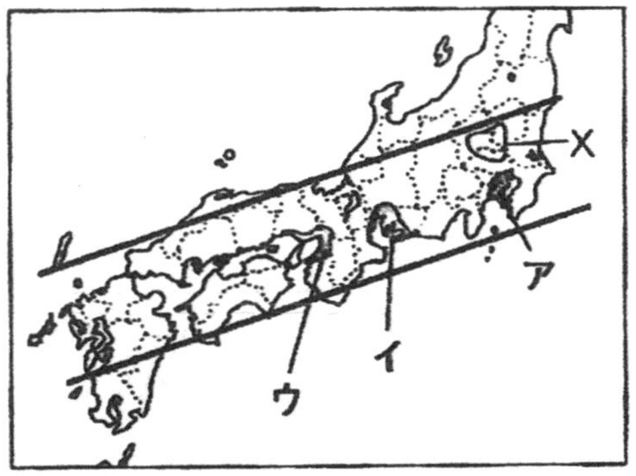

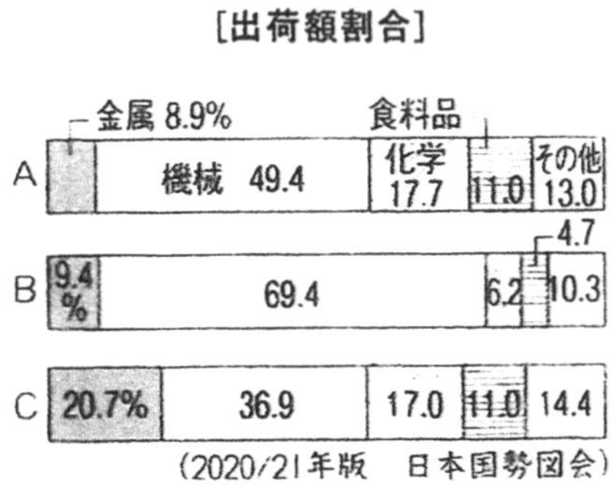

(1)　工業地帯が海ぞいに多い理由を簡単に説明しなさい。(2 点)

(2)　X の工業地域が発展した理由を簡単に説明しなさい。(2 点)

(3)　京浜工業地帯の位置と出荷額割合の組み合わせとして正しいものを、①～⑨から 1 つ選び、番号で答えなさい。(2 点)

①　アと A	②　アと B	③　アと C
④　イと A	⑤　イと B	⑥　イと C
⑦　ウと A	⑧　ウと B	⑨　ウと C

問３　下線部ｳ)について、次の①～③は日本で起きた自然災害に関する文である。発生した時期が古い順番に並べかえて、答えなさい。(3 点)

①　東日本大震災では、地震と津波によって多くの死者が出た。

②　阪神・淡路大震災では、大規模な火災もあり被害が拡大した。

③　関東大震災では、自然災害だけではなく、人災も発生した。

問４　下線部ｴ)について、日ごろから対策を取ることが求められている。次の文を読み、間違った対策を抜き出してどのようにしたらよいのか、答えなさい。

(各 1 点)

> 近年各地で多発している線状降水帯《せんじょうこうすいたい》による大雨の対策として、河川の氾濫《はんらん》がある。河川の近くに住んでいる場合は、河川の水位をこまめに見に行き、早めに避難することが大切である。

問５　下線部ｵ)について、環境に配慮《はいりょ》した循環《じゅんかん》型社会をめざすために行われている 3R について、それぞれの名称をカタカナで答えなさい。(各 1 点)

(1)　ごみを減らす　　(2)　再使用　　(3)　再生・再利用

問６　下線部ｶ)について、1997 年に会議に参加する先進国が、二酸化炭素などの温室効果ガスの排出量《はいしゅつりょう》をどれくらい削減《さくげん》するかを決めました。この参加した国々で決められた約束の名称を答えなさい。(2 点)

問７　下線部ｷ)について、次の問いに答えなさい。

(1)　中華人民共和国の首都はどこか答えなさい。(1 点)

(2)　奈良時代に中国から仏教の教えを広めるために、苦労がもとで目が見えなくなっても日本にやってきた僧《そう》はだれか答えなさい。(2 点)

(3)　奈良時代に中国から届けられた文化財などが収められている下の建物を何というか、答えなさい。（2点）

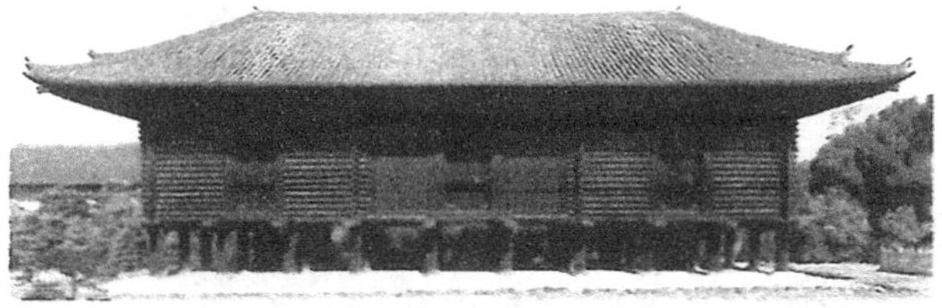

問8　下線部ｸ)について、日本の平和がおびやかされたことがある。13世紀の後半、2度にわたって外国の大軍が北九州を襲《おそ》った。これを何というか答えなさい。（2点）

2　次の文章を読み、下の問いに答えなさい。（配点18点）

> ｱ)国会は、選挙で選ばれた国民の代表者であるｲ)国会議員が、国の政治の進め方を話し合う場です。国の政治は、ｳ)日本国憲法に基づいた法律にしたがって行われています。法律をつくることをｴ)立法といい、国会だけが行える大切な仕事となっています。国会は法律や国の予算など大切なことを決めるので、ｵ)衆議院と参議院の二つに分かれて、慎重に話し合いを行います。この仕組みを二院制といいます。国会の決定は多数決によって行われます。
> 法律や予算に従って、実際に政治を行うことをｶ)行政といいます。ｷ)内閣は国の最高の行政機関です。

問1　下線部ｱ)の仕事として正しくないものを、次の①～⑥から2つ選び、番号で答えなさい。（各1点）

①　法律の制定　　②　最高裁判所長官の指名　　③　条約の承認
④　憲法改正の発議　　⑤　内閣総理大臣の指名　　⑥　政令の制定

問2　下線部ｲ)の被選挙権を持つことができる年齢を、それぞれ下の①～④から1つずつ選んで、番号で答えなさい。（各2点）

(1)　衆議院議員　　(2)　参議院議員

①　18歳　　②　20歳　　③　25歳　　④　30歳

問3　下線部ｳ)について、次の条文の空欄にあてはまる語句を、下の①～④から1つずつ選び、番号で答えなさい。（各2点）

> 第25条　すべて国民は、（　1　）で文化的な最低限度の（　2　）を営む権利を有する。

①　元気　　②　健康　　③　生活　　④　家庭

問４　下線部ｴ)と下線部ｶ)は、それぞれの権力が集中しないようするため、権力を３つに分けてバランスをとっている。次の問いに答えなさい。(各１点)

(1)　下線部ｴ)と下線部ｶ)のほか、もう１つの権力とは何か、下の①～④から１つ選んで、番号で答えなさい。

①　刑法　　②　民法　　③　司法　　④　憲法

(2)　(1)の権力を持っているのはどの機関か、下の①～④から１つ選んで、番号で答えなさい。

①　裁判所　　②　自衛隊　　③　総務省　　④　地方公共団体

問５　下線部ｵ)の２つの議院のうち、解散があるのはどちらか答えなさい。(2点)

問６　下線部ｷ)について、次の問いに答えなさい。(各２点)

(1)　内閣の最高責任者の役職を何というか、漢字６字で答えなさい。

(2)　現在の日本の（1）の役職についている人物の名前を答えなさい。

3　2023年７月に行われたＧ７サミット（先進国首脳会議）について答えなさい。

(配点３点)

［首相官邸HPより］

問１　この会議が開催された都市を答えなさい。(1点)

問２　この会議には、アフリカやアジア、南アメリカなど南半球を中心とする途上国・新興国も招待されました。これらの国はまとめて何と呼ばれているか、次の①～④から１つ選び、番号で答えなさい。(2点)

①　ワールドサウス　　②　ワールドホット

③　グローバルサウス　　④　グローバルホット

二〇二四年度　北星学園女子中学高等学校入学試験　解答用紙　国語

受験番号

名前

100

※100点満点

問題一

①

②

③

④

⑤

⑥

⑦

⑧

⑨

⑩

問題二

①

②

③

問題三

①

②

問題四

①

A

②

B

③

C

問題五

①

②

問題六

問題七

問一

問二

問三　A　B　C

問四

問五

問六

問七

問題八

問一

問二　最初　最後　しぐさ

問三

問四

問五

問六　A　B

問七

問八

問九

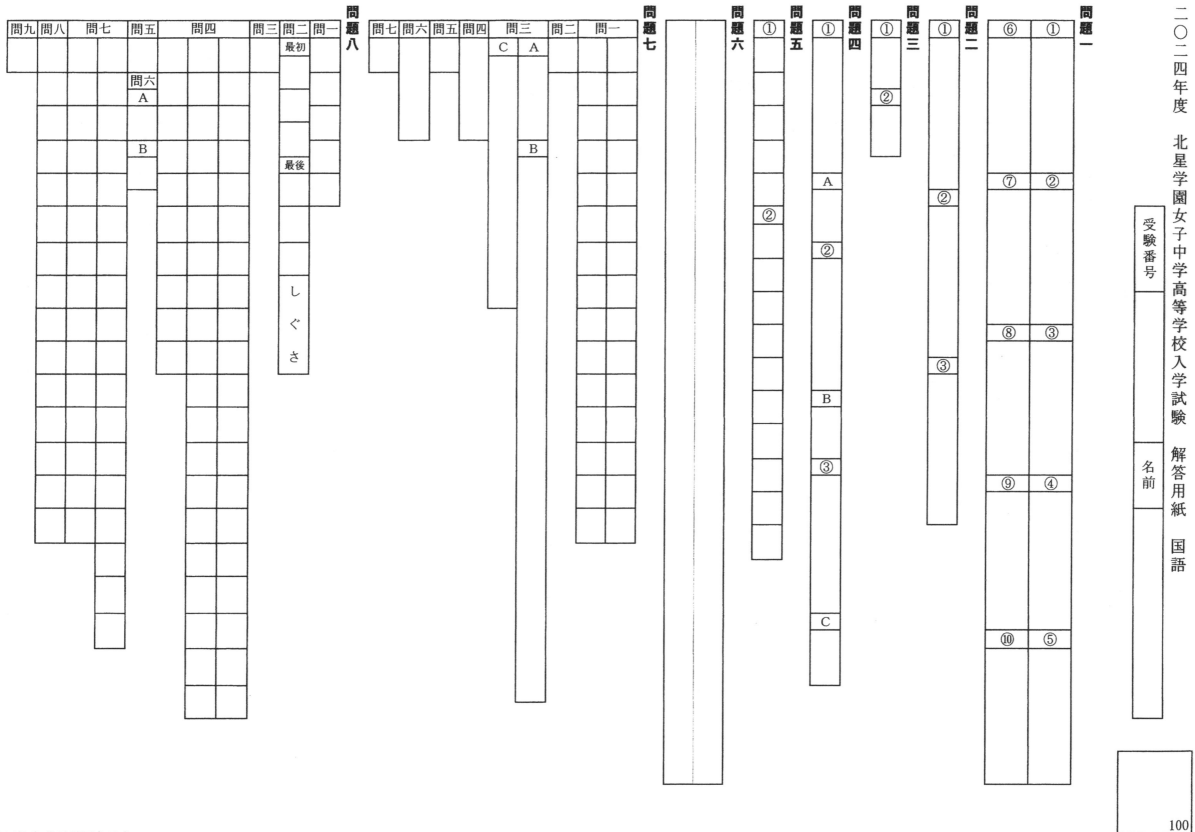

※100点満点

北星学園女子中学高等学校 2024 年度 1期入学試験解答用紙 算数　受験番号（　　　　）氏名（　　　　）

1

(1) 円	(2) 円
(3) ア　イ	

2

(1)	(2)
(3)	(4)
(5)	

3

(1)	(2) cm^3
(3) 円	(4) 分

4

(1) 人	(2) 人

5

(1) 個	(2) 個

6

(1) 点	(2) 点

7

(1) cm^2	
(2) ア　°	イ　°
(3) cm^2	

8

(1) ア	イ	ウ	エ
(2) オ	カ	キ	

北星学園女子中学高等学校 2024 年度入学試験　解答用紙（理科）

受験番号		名前	

点

※50点満点

1

問 1		問 2	
問 3		問 4	
問 5			

2

問 1		問 2	
問 3			
問 4	ア	イ	
問 5		問 6	

3

問 1	
問 2	
問 3	
問 4	
問 5	
問 6	

4

問 1		問 2	
問 3		問 4	
問 5		問 6	

2024年度　北星学園女子中学高等学校　入学試験問題　社会

受験番号	氏名

1

問1	(1)	(2)河川名
	(2)平野名	(3)
問2	(1)	
	(2)	
	(3)	
問3	→　→	
問4	間違った対策	
	どうしたらよいのか	
問5	(1)	(2)
	(3)	
問6		
問7	(1)	(2)
	(3)	
問8		

2

問1		
問2	(1)	(2)
問3	(1)	(2)
問4	(1)	(2)
問5		
問6	(1)	(2)

3

問1	
問2	

点

※50点満点

二〇二三年度　北星学園女子中学高等学校入学試験（1期）問題用紙　国語

（45分）

問題一　次の①～③の――部を漢字と送り仮名で書きなさい。④～⑩の――部は漢字で書きなさい。（各1点）

① 答えをアヤマル。
② 荷物をアズケル。
③ この海辺の砂はコマカイ。
④ ショチュウみまいのはがき。
⑤ 将来の夢はタンケン家です。
⑥ ボウエキで栄える。
⑦ おもちゃをシュウリする。
⑧ 虫のヒョウホンを見る。
⑨ 雨が降るゼンチョウがある。
⑩ 客をショウタイする。

問題二　次の空らんにあてはまる言葉を考えて答えなさい。（各1点）

① 今日は雨が降った。（　　）、遠足に行った。
② 今日は雨が降った。（　　）、遠足は中止になった。
③ 今日は雨が降った。（　　）、風も強かった。

問題三　次の俳句の季語と季節を答えなさい。（完全解答各2点）

① 菜の花や月は東に日は西に
② スケートのひもむすぶ間もはやりつつ

問題四　次の――部の「ようです」の中で、一つだけ他とちがう使い方をしているものをさがし、記号で答えなさい。（3点）

ア だれかが来たようです。
イ 人生は川の流れのようです。
ウ 彼女は明るくてまるで太陽のようです。
エ 先生の話し方はまるで立て板に水を流すようです。

問題五　次の文章と同じ内容のものを、それぞれア～エからさがし、記号で答えなさい。（各2点）

① 「今日は昨日に比べて気温が三度も低い。」
ア 温かいのは昨日よりも今日である。
イ 昨日の方が今日よりも気温が高い。
ウ 今日よりも昨日の方が寒い。
エ 寒いのは今日よりも昨日だ。

② 「病院に行くには、家から南に1キロメートル歩かなければならない。」
ア 家は、病院から見ると南側にある。
イ 家から、北に1キロメートル歩くと病院に着く。
ウ 病院から、南に1キロメートル歩くと家に着く。
エ 病院から、北の方向に家がある。

問題六　次の文章を読んで、問いに答えなさい。（完全解答3点）

青子ちゃんと白子ちゃんと緑子ちゃんが三人で話しています。
白リボンをつけた子がこう言いました。
「ねえ、青子ちゃん、今日はみんな名前と同じ色のリボンをつけていないわね。」

青リボン、白リボン、緑リボンをつけているのはそれぞれ誰ですか。答えなさい。

問題七　次の語句をパソコンにローマ字入力したとき、最初から五文字目になるアルファベットを大文字で答えなさい。（各1点）

① さっぽろ　② にゅうがく　③ えのぐ

問題八　次の文章を読んであとの問いに答えなさい。

㈠

「どうして、この馬、①ソンキなんて、変な名前ついてるの。」

馬を洗っている兄にわたしは話しかける。

「それはなあ。まあ、あだなみたいなものだ。ほんとうの名前は別にあるんだ。」

「どうして、ソンキなの。」

「とうちゃんが、この馬のことっていうと、短気おこしておこり出すだろ。かあちゃんが、『短気は損気』なんていっているうちに、いつのまにか、そういう名前になっちゃったんだな。」

「とうちゃんは、どうしてソンキのことばかりに（　②　）を立てるのかな。」

兄は答えない。それで、別のことを聞く。

「どうしてなの。どうして捨てられたの。」

「③かわいそうなやつだよ。見ろ、足が三本白いだろう。」

十七歳《さい》ころだった兄は、このとき、急にさびしそうな顔になった。馬を洗う手を休めて兄が話してくれたことは、だいたい、つぎのようになる。

馬の毛の色にはいろいろなものがあるが、おもしろいことには、足首だけ白い馬がかなりおおい。一本だけ白いもの。二本白いもの。三本白いもの。そして四本とも白いもの。

このうち、三本とも白い馬は〈さんぼんじろ〉と呼ばれて、不吉《ふきつ》な馬だといわれている。

このような話はいったいいつごろからはじまったのであろうか。三本白の馬は主人を殺すという。また別の話では三本白を飼うと、その家が火事になるという。

つまり、ソンキは〈三本白〉だったのだ。

㈡

④わたしの父はきびしく、しかも古い世界をたいせつにする人だった。〈六日の新月を見てしまったから、今月は悪いことが起きる〉というようなことを真剣《しんけん》に考える人だった。だから、三本白の子馬を見たとき、⑤すぐに捨てるつもりで、畑に大きな穴を掘《ほ》ったという。

「それで、たすけたのか、にいちゃん。」

「そうだ。おれ。とうちゃんにどれほどおこられたか。」

そのとき、父は、はじめて死んだ妹のことを話したという。

「オトヨという妹がいてな。小さいときに馬にけられて死んでしまった。その馬も三本白だったんだ。どうも、また悪いことが起こりそうな気がする。な、この子馬は殺すことにするんだ。」

兄と母は、泣きながら、父にたのんだ。

「まだ、げんに生きてるものを、捨てるなんてできるもんか。」

「ばか、これは早産で、もうたすからないんだ。穴のそばに一晩おいておけば、自然に死ぬからいいではないか。」

「せっかく、こうやってこの世に生まれてきたんではないか。かわいそうだよ。ほんとうに悪い馬だったら。そのとき殺せばいい。」

兄は父のからだをおしかえした。

「ばかもの。この馬はすぐ死ぬように生まれてくる運命なんだぞ。わからんのか。」

そのときはじめて、父は兄をなぐったという。それでも、兄が子馬にしがみついてはなれなかったので、とりあえず子馬の命はたすかった。そして、りっぱな体格ではないが、ひょろひょろとそだっていった。

しかし、⑥それ以来、父と兄がほんとうに心から打ちとけて話すということがなくなってしまった。

「めめしいやつだ。おくびょうなやつだ。」

父は兄に対していつもこういった。おとなの男と男とがにくみあうおそろしさを、わたしは子ども心にも感じていた。おそらく、さむらいの心をもつ父は男が「かわいそう」などという感情で泣いたりすることに、がまんができなかったにちがいない。

兄は兄で父をにくんでいたような気がする。兄はやせて、色が白く、胸も厚くなかった。

それにひきかえ、父は体力と腕力《わんりょく》がじまんの大男だった。

死にそこないの子馬はどんどん大きくなった。ただ、骨が細く、上品にやせていた。

そして、まるで兄に似たように、おとなしくて、まるで、⑦ロバのような馬だった。だから当然、力仕事には役に立たなかったが、足の早いのがとりえだった。

⑧母がひとりで町へ買い物にいくとき、馬はきまってソンキだった。

わたしの生まれた家から町までは十キロメートルもあった。冬。町へ買物にいった母を、わたしと妹は待っている。ふってくる雪の音が聞こえそうなくらい静かな山の中のわが家に、そのとき、

〈シャリン。シャリン。〉

馬そりの鈴《すず》の音が聞こえてくる。わたしたちは表へとびだしてゆく。すると、もう、ソンキはそりを家の前に横づけにしようとしているのであった。

「えらいねえ、ソンキは。足が早くて。」

母がソンキをほめる。それはソンキをかわいがっている兄をほめることになる。

そして、このころが、ソンキと兄とのいちばん幸福なころであった。

（加藤多一『馬を洗って…』より）

問一　――①「ソンキなんて、変な名前ついてるの」とありますが、「ソンキ」という名前の由来がわかる一文を文中からさがし、最初の五字をぬき出しなさい。（3点）

問二　（　②　）には体の部分を表す漢字が一字入ります。適当な漢字一字を答えなさい。（2点）

問三　――③「かわいそうなやつだよ。……」とありますが、足が三本白いとなぜかわいそうなのですか。その理由を㈠段落の文中の語句を使って五十字以内で具体的に答えなさい。（6点）

問四　――④「わたしの父はきびしく、しかも古い世界をたいせつにする人」を別の言い方で表している部分を文中からさがし、十字以内でぬき出しなさい。（3点）

問五　――⑤「すぐに捨てるつもり」とありますが、父が子馬を捨てるうえで理由としたことを二つ、㈡段落の文中の語句を使ってそれぞれ五十字以内と三十字以内で答えなさい。（各4点）

問六　――⑥「それ以来」とありますが、いつのことですか。次の空らんAとBに当てはまる言葉を文中からさがし、指定の字数でぬき出しなさい。また、空らんCには、当てはまる言葉を考え、七字以内で答えなさい。（各2点）

「（A…六字）を捨てるという父に対して、兄と母が（B…五字）だから（C…七字以内）とたのんだ時。」

問七　――⑦「ロバのような馬」とありますが、ここで使われている表現技法として、最も適当なものを次のア～エから一つ選び、記号で答えなさい。（2点）

ア　対句法　　イ　反復法　　ウ　倒置法　　エ　比ゆ

問八　――⑧「母がひとりで……きまってソンキだった」とありますが、それはなぜだと考えられますか。理由を十五字以内で答えなさい。（3点）

問九　この小説は『馬を洗って…』という題名です。文中の「兄」は馬の「ソンキ」をよく川で洗うのですが、それはなぜだと考えられますか。理由として最も適当なものを次のア～エから一つ選び、記号で答えなさい。（5点）

ア　ソンキを洗ってきれいにすることで、ソンキを捨てようとした父を見返してやりたいから。

イ　誰にも相手にされず、かわいそうなソンキの体を洗ってやるのは、自分しかいないから。

ウ　父に大切にされず、ひょろひょろしているソンキを、自分のことのように思っているから。

エ　自分以外の人にソンキの体を洗わせると、ソンキを取られてしまったように感じるから。

問題九　次の文章を読んであとの問いに答えなさい。

いちど※1天然痘《てんねんとう》（＝人痘、ヒトの天然痘）にかかると二度とかからない、ということは紀元前から知られていました。なので、※2人為《じんい》的に天然痘を発症《はっしょう》させる「人痘種痘《じんとうしゅとう》」が中国やトルコで開発されました。①周到《しゅうとう》な準備をして感染させる、とはいえ、天然痘を発症させるのですから、②死ぬ可能性もあります。それでも、タイミングを見計らって体調のいいときに感染したほうが、自然に感染するよりは死亡率が低いからと行われたのです。死ぬ危険性がある予防法をとりたくなるほど、天然痘は恐《おそ》ろしい病気だったということです。

そんな時代、ジェンナーはあることに気づきました。牛痘《ぎゅうとう》という病気があります。イギリスで時々流行《はや》る牛の病気、いわば牛の天然痘です。牛の乳搾《ちちしぼ》りや世話をする人は、③その病気にかかることがあります。（　A　）、たとえかかっても、微熱《びねつ》とだるさ、それから発疹《ほっしん》ができる程度で自然に治ります。

ジェンナーは、牛痘にかかったことがある人は天然痘にかからない、ということを利用できないかと考えました。以前にもこのことに気づいた人はいたのですが、それを証明し、応用しようとはしませんでした。しかし、ジェンナーは違《ちが》いました。師匠《ししょう》であるハンター仕込《じこ》みの医学と博物学の知識で考えぬき、その教えのとおりに試みたのです。

ジェンナーが住んでいたバークレイの住民にまず人痘種痘が④行われました。その結果、かつて牛痘にかかった人は人痘を接種されても症状が出ないことを確認できました。⑤機は熟したのです。１７９６年５月、牛痘に感染した乳搾り女の痘疹《とうしん》（牛痘ウイルスの感染によってできた皮膚《ひふ》の発疹）から液体を採取し、８歳の少年に接種します。うまいぐあいに少年は牛痘を発症しました。（　Ｂ　）１ケ月半後、その少年に人痘種痘を行います。しかし、その少年は天然痘を発症しませんでした。種痘、すなわち、天然痘ワクチンの誕生です！

そして多くの子どもに接種してすぐ拡がり、といいたいところなのですが、⑥そうはいきませんでした。というのは、その年は、もう牛痘が流行《はや》らなくなってしまい、種痘のタネが入手できなくなってしまったからです。なので、次の試みは翌年にもちこされましたが、今度は牛痘を子どもから子どもへ次々と接種し、その有効性を確認できました。そしてジェンナーは、それらをまとめた成果を１７９８年に発表します。堂々たる論文でした。

（仲野徹『みんなに話したくなる感染症のはなし』より）

※注１「天然痘」…天然痘ウイルスを病原体とする感染症の一つであり、ヒトに対して非常に強い感染力を持ち、世界中で死者を多く出したが、ワクチンの誕生により、二〇世紀中ごろには見られなくなった。
※注２「人為的」…ある目的のために人の手が加わること

問一　――①「周到な」とありますが、これと同じような意味を持つ言葉を次のア～エから一つ選び、記号で答えなさい。（３点）
ア　十分な　イ　適当な　ウ　気長な　エ　同様な

問二　――②「死ぬ可能性もあります」とありますが、なぜ死ぬ可能性があるのに人痘種痘は行われたのですか。その理由を三十字程度で答えなさい。（４点）

問三　――③「その病気」とありますが、何のことですか。文中から五字以内でぬき出しなさい。（２点）

問四　（　Ａ　）（　Ｂ　）に入る適当な言葉を次のア～オからそれぞれ一つ選び、記号で答えなさい。（各２点）
ア　なぜなら　イ　そして　ウ　たとえば　エ　あるいは　オ　しかし

問五　――④「行われました」の主語として適当なものを次のア～エから一つ選び、記号で答えなさい。（３点）
ア　ジェンナーが　イ　バークレイの　ウ　住民に　エ　人痘種痘が

問六　――⑤「機は熟した」とありますが、どのような意味ですか。意味として最も適当なものを次のア～エから一つ選び、記号で答えなさい。（３点）
ア　物事を始める機会としてよく考えた　イ　物事を始める機会を逃してしまった
ウ　物事を始める良い機会になった　エ　物事を始めるには遅い機会となった

問七　――⑥「そうはいきませんでした」とありますが、それはなぜですか。その理由が書かれている一文を文中からさがし、最初の五字をぬき出しなさい。（３点）

問八　ジェンナーが天然痘ワクチンの有効性を確認するまでの順番を正しく並べかえ、記号で答えなさい。（完全解答５点）
ア　少年に人痘種痘を行う。
イ　少年が牛痘を発症する。
ウ　採取した牛痘を少年に接種する。
エ　牛痘を多くの子どもに接種する。
オ　少年が天然痘を発症しないことを確認する。
カ　牛痘に感染した人の痘疹から液体を採取する。

問九　本文の内容にあてはまるものを、次のア～エから一つ選び、記号で答えなさい。（５点）
ア　牛の世話をする人は、牛痘に感染することが多く死亡率が高かったため、当時は早急に予防法が望まれていた。
イ　子どもは天然痘にかかっても重症化しにくかったので、感染した子どもの体液を利用して天然痘の治療ができた。
ウ　ジェンナーは自ら牛痘に感染し、種痘を作ることに成功し、天然痘で苦しむ多くの子どもたちを救った。
エ　ジェンナーは牛痘にかかった人がその後どうなるのかを検証し、天然痘の予防に大きく役立った。

２０２３年度　北星学園女子中学高等学校　入学試験問題　算数

(45分)

1　放送を聞いて，次の問いに答えなさい。（各4点，計12点）

※音声と放送原稿非公表

(1)　お母さんが支払う合計の金額は何円ですか。

(2)　おやつと飲み物の合計の金額が，のぞみさんとすずさんは同じだったとすると，みおさんの選んだ飲み物は何ですか。

(3)　のぞみさんとみおさんが同じおやつを注文してしまったため，お母さんの支払った合計の金額が740円になりました。のぞみさんとみおさんが注文したおやつは何ですか。

2　次の計算をしなさい。ただし，(5)は□にあてはまる数字を答えなさい。

（各4点，計20点）

(1)　$6\times(5+7)$

(2)　$\frac{3}{4}-\frac{1}{2}\times\frac{4}{5}$

(3)　$\frac{2}{5}+\frac{1}{3}\times0.3$

(4)　$24\times21+24\times48-24\times19$

(5)　$8+\left(27-24\div\square\right)\times3=83$

3 次の問いに答えなさい。（各 4 点，計 16 点）

(1) A 地点から B 地点まで 18 km あります。やすこさんは時速 5 km で A 地点から B 地点に向かって，ひろこさんは時速 4 km で B 地点から A 地点に向かって，同時に歩き始めました。

やすこさんとひろこさんが出会うのは，2 人が出発してから何時間後か求めなさい。

(2) 鉛筆が 24 本，消しゴムが 32 個あります。これを余りが出ないように何人かの子どもにそれぞれ同じ個数で配ります。できるだけ多くの子どもに配るとき，何人に配ることができるか求めなさい。

(3) ある中学校で，去年の全校生徒は 340 人でした。今年は去年に比べて 5 % 増えました。今年の全校生徒数は何人か求めなさい。

(4) 右の図のような四角形があります。アの角度を求めなさい。

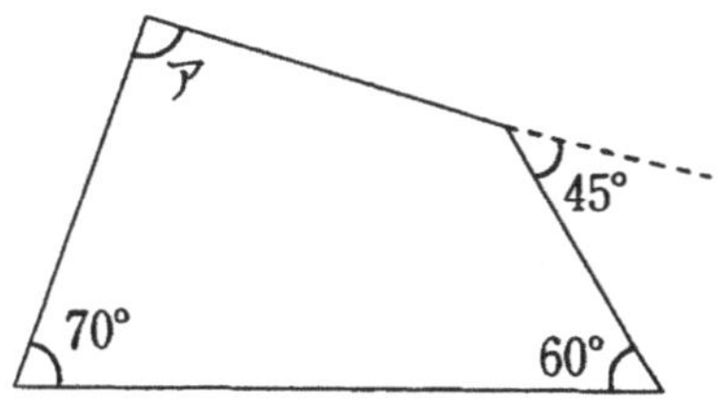

4 ある工場に，同じ製品を作る 2 台の機械 A，B があります。A は 6 分ごとに，B は 8 分ごとに 1 個の製品を作ります。この 2 台の機械を同時に動かし始めます。このとき，次の問いに答えなさい。（各 4 点，計 8 点）

(1) 7 個目の製品ができるのは 2 台の機械を動かし始めてから何分後か求めなさい。

(2) 100 個目の製品ができるのは 2 台の機械を動かし始めてから何時間何分後か求めなさい。

5 さとみさんは，所持金の $\frac{2}{7}$ でシャープペンシルを買ったところ，1500 円残りました。次に，残りの所持金の 25 % よりも 100 円多いお金でペンケースを買いました。次の問いに答えなさい。（各 4 点，計 8 点）

(1) 最初の所持金は何円でしたか。

(2) ペンケースを買ったあと，所持金は何円でしたか。

6　箱の中に，1，2，3，4，5，6のカードがそれぞれ2枚ずつ，計12枚あります。

初めの持ち点を20点とし，箱の中から同時に3枚のカードを引きます。カードに書かれた数が偶数のときは，持ち点にその数だけ加点された点数が得点となり，奇数のときは，持ち点からその数だけ減点された点数が得点となります。

例えば，取り出したカードが，2，4，5のときは，20+2+4−5=21であり，得点は21点になります。

このとき，次の問いに答えなさい。（各4点，計8点）

(1)　1番高くなるときの得点を求めなさい。

(2)　得点が20点になるような，3枚のカードの組み合わせは何通りありますか。

7　次の図の色のついた部分の面積を求めなさい。（各4点，計8点）

(1)

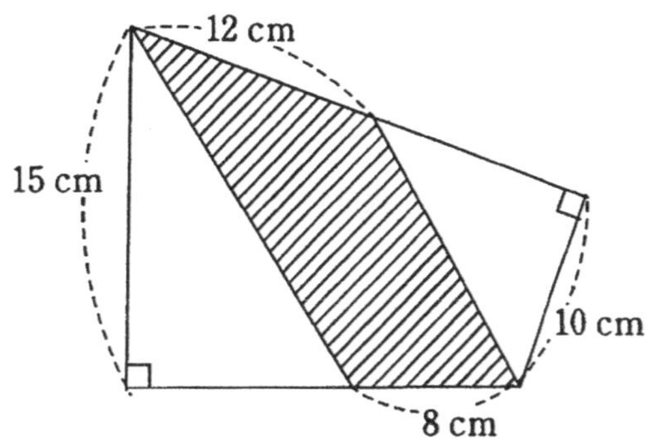

(2)

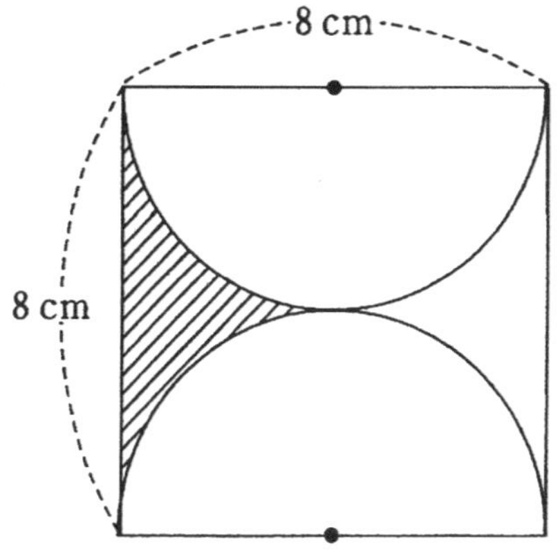

8　20人の生徒が，1問1点で5点満点のテストを受けました。下の表は，このときの結果をまとめたものです。次の問いに答えなさい。（各4点，計8点）

得点(点)	0	1	2	3	4	5
人数(人)	3	0	ア	6	イ	2

(1)　アにあてはまる数がイにあてはまる数よりも1大きいときの平均点を求めなさい。

(2)　平均点が2.9点であるとすると，ア，イにあてはまる数をそれぞれ求めなさい。

9　図1のような，面ABCDと面EFGHが台形で，それ以外の面が長方形でできた容器があります。このとき，次の問いに答えなさい。（各4点，計12点）

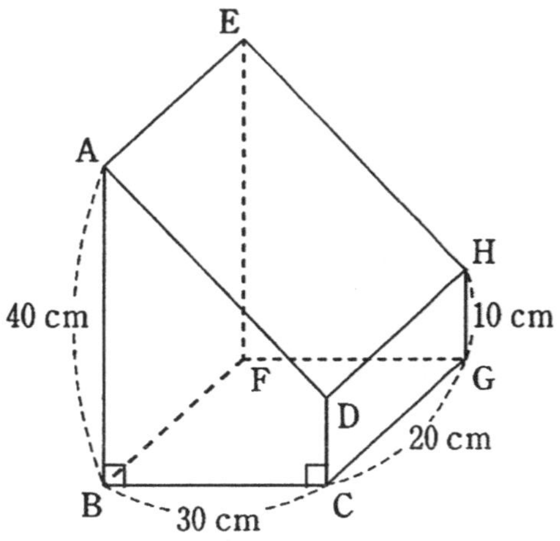

図1

(1)　この容器の容積を求めなさい。

(2)　図2のように面BCGFを下にして水平な台の上に置いて，水面の高さが20 cmのところまで水を入れました。容器に入っている水の体積を求めなさい。

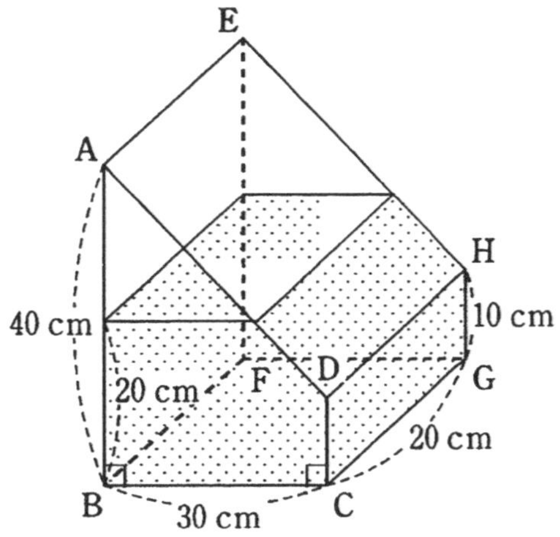

図2

(3)　図2の容器を面ABCDを下にして水平な台の上に置いたとき，水面の高さを求めなさい。

２０２３年度　北星学園女子中学高等学校　入学試験問題　英語

(60分)

※100点満点

Listening (30 points)

Part 1 – 6 questions (1x6=6)

※音声と放送原稿非公表

Listen and check the box. There is one example.

Example: **Where is Mom?**

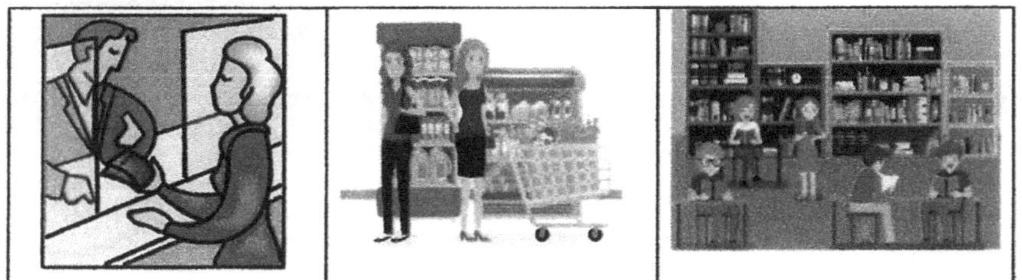

□　☑　□

1. Where is my phone?

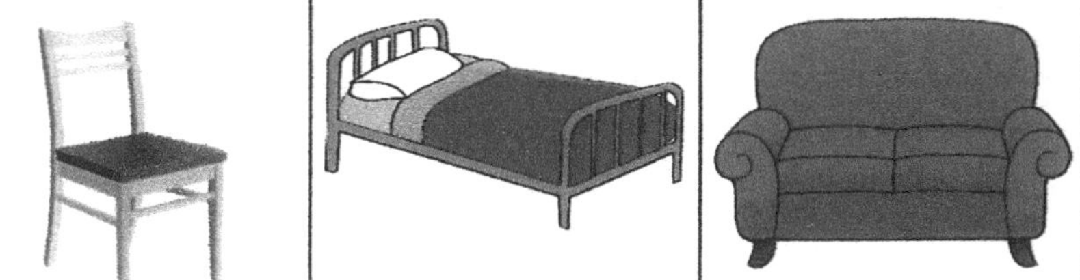

□　□　□

2. Which boy is Tom?

□　□　□

3. What homework do they have?

□　□　□

4. What time is the train?

10:20	10:30	10:40
□	□	□

5. Where will he put the picture?

□　□　□

6. What is Tom's house next to?

□　□　□

Part 2 – 3 questions (2x3=6)

Listen and draw lines. There is one example.

Kate   Peter   Bob   Alex   Sarah   Sally   Lucy

Example

Part 3 – 3 questions (2x3=6)

What did Alex do last week? Listen and draw a line from the day to the correct picture. There is one example.

Monday

Tuesday

Example

Wednesday

Thursday

Friday

Saturday

Sunday

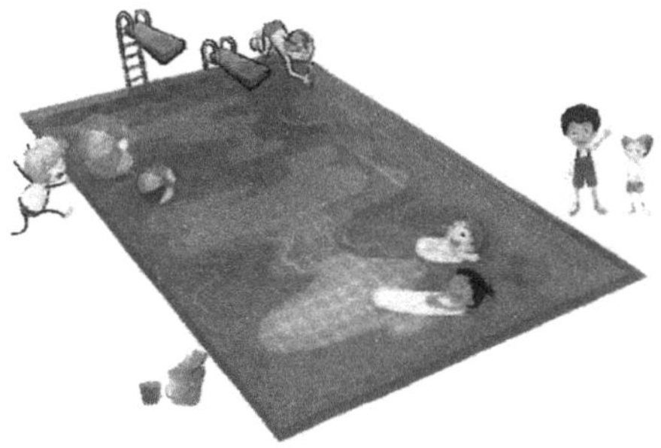

Part 4 – 4 questions (3x4=12)

Listen and write. There is one example.

Alex

Example: **Favorite vegetable to grow:** ______tomato______

1. He started growing vegetables in ______________________

2. Wants to grow: ______________________

3. Sells his vegetables on : ______________________________

4. Vegetables need lots of sun and ____________ every day.

Reading & Writing (48 points)

Part 1 – 4 questions (1×4=4)

Look and read. Choose the correct word and write it on the lines. There is one example. Use each word one time.

Example: **You can eat food here.** ____a restaurant____

1) You can wear this around your neck when it is cold. ______________

2) You can use this to brush your teeth. ______________

3) You can use this when you want to catch a bus. ______________

4) You can use this when you have made a writing mistake. ______________

a bus stop

a plate

a scarf

an eraser

a river

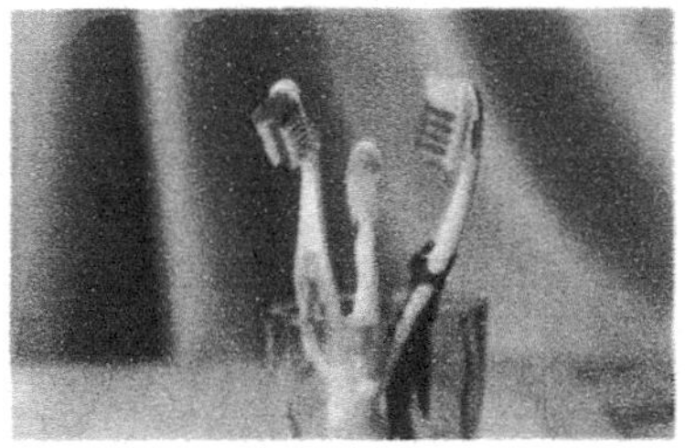

a toothbrush

Part 2 – 5 questions (1x5=5)

*Look and read. Write **yes** or **no**. There is one example.*

Example: **There are four people in the picture.** yes

1) There are six birds in the tree. ______

2) There are four children jumping. ______

3) It is sunny. ______

4) The girl in the blue dress has black hair. ______

5) Two birds are flying in the sky. ______

Part 3 – 3 questions (2x3=6)

Read the text and choose the best answer. There is one example.

Example: Tom: What can you cook?

Mark:
A I like fish.
B Yes, I am
C I can cook soup. C

1) Tom: How did you come here?

Mark:
A I walked.
B Not today.
C No, thank you. ______

2) Tom: Where are you going tomorrow?

Mark:
A I like studying.
B I don't know yet.
C My school is big. ______

3) Tom: What are you doing now?

Mark:
A Here it is.
B I'm making pancakes.
C I am not hungry. ______

Part 4 – 4 questions (2x4=8)

Read the story. Choose a word from the box. Write the correct word next to numbers 1-3. There is one example.

Tom and Pete went to __town__. They went shopping. Tom wanted to buy some new shoes, so they went to a shoe shop. Tom bought a pair of brown shoes. Outside the shoe shop, Tom and Pete found a dog. The dog looked very (1)____________. "Do you think he is lost?" Tom asked Pete. "I don't know," Pete said. "Look! There is his name and a (2) ____________ number! His name is Snowy." Tom and Pete didn't have a phone, so they went back into the shoe shop. They used the phone in the shoe shop to call the number. "Hello?" a woman said. "Hello. My name is Tom. We have found Snowy." "Oh, thank you!" the woman said. "I will come and get him." Soon, the woman met Tom and Pete outside the shoe shop. She was very happy. She gave them both some (3) ____________. The woman and Snowy went home.

shoe

town

phone

happy

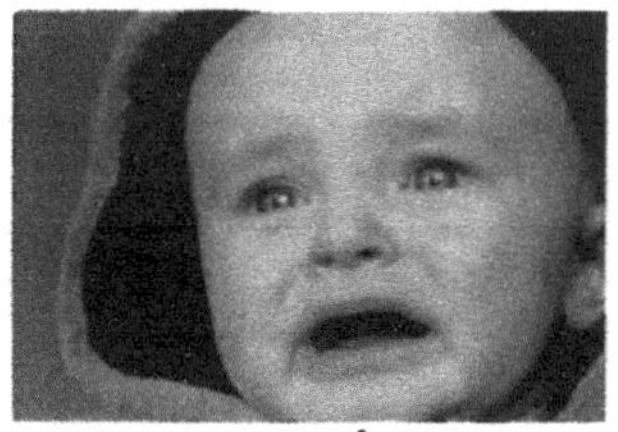
sad

chocolate

(4) Now choose the best name for the story.

Check one box.

☐ A Lost Dog.

☐ Buying Some Shoes.

☐ Tom and Pete.

Part 5 – 5 questions (3x5=15)

Look at the pictures and read the story. Write some words to complete the sentences about the story. You can use 1 or 2 words. There is one example.

Ms. Roberts, the art teacher, asked all of the students to take a photograph for their next class. She asked them to take photographs of something interesting in town. Lucy and Amy were very happy. They both had cameras and liked taking photographs. Their next art class was on Monday, so the girls decided to go to town on Saturday and take photographs. On Saturday, the weather was beautiful. It was very sunny and there were no clouds in the sky. Lucy took a photo of some children playing. They were in front of the library. It was a beautiful photograph. Amy didn't know what photograph to take. She looked at the cake shop. She walked past the café and the pet shop. Then, she saw something! It was perfect.

The following Monday, all of the students showed their photographs. Each student went to the front of the class and talked about their photo. Finally, it was time for Amy to talk. She stood up in front of the class and showed everyone her photograph. It was a picture of a coffee cup that someone had thrown on the road. There was a small, white flower growing through the cup. Ms. Roberts liked Amy's picture. She gave it one hundred points.

Example: Ms. Roberts is an __art__ teacher.

Questions

1) Ms. Roberts wants the students to take photographs of something ____________________ in town.

2) Lucy and Amy both had ________________________ .

3) Lucy took a picture of some ______________________ playing.

4) Amy took a picture of a ________________________ growing out of a cup.

5) Ms. Roberts gave Amy's photograph ______________________ points.

Part 6 – 5 questions (2x5=10)

Read the text. Choose the correct words and write them on the lines. There is one example.

Fishing with my grandfather

Example	Today was a great day because I __saw__ my grandfather. My grandfather is 80 years old, but he loves fishing. He goes fishing every Saturday.	see saw seen
1	__________ favourite place to go fishing is the	1 He His Him
2	river near his house. __________ I go to visit him, he takes me fishing with him. Today we went	2 When What Which
3	fishing. I'm always __________ to go with him. We sat by the river from 6 o'clock in the morning	3 excites exciting excited
4	until 3 o'clock in the afternoon. I __________ caught one fish, but my grandfather caught three.	4 usually often only
5	When we __________ back to my grandfather's house, my grandfather cooked the fish for dinner. They were delicious.	5 go went gone

このページに問題はありません

２０２３年度　北星学園女子中学高等学校　入学試験問題　理科

(30分)

1　図１は顕微鏡を，図２のア～エは顕微鏡で見た生物の様子を示しています。それぞれの生物の下には顕微鏡で観察した倍率が書かれています。これについて，あとの問いに答えなさい。(配点 12 点)

図 1

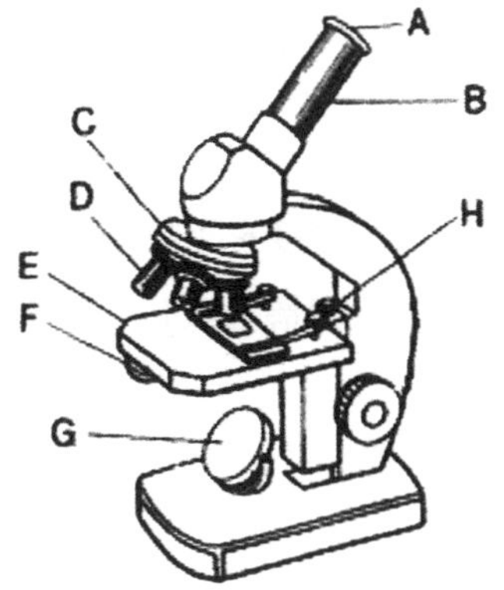

図 2

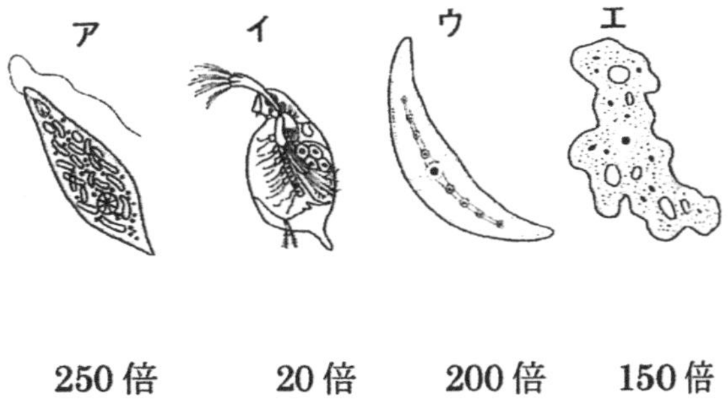

問１　図１でレボルバーはどれですか。A～H から１つ選び，記号で答えなさい。(2 点)

問２　図１の顕微鏡で接眼レンズは 15 倍，対物レンズは 40 倍を使いました。このときの倍率は何倍ですか。(2 点)

問３　図１の顕微鏡の使い方として正しい順番になるように次の①～④を並べなさい。(3 点)

①　視野が明るく見えるように反射鏡を調節する。

②　顕微鏡を水平な場所に置き，接眼レンズ，対物レンズの順に取り付ける。

③　接眼レンズをのぞきながらピントをあわせる。

④　ステージにプレパラートをのせ，横から見ながら対物レンズとプレパラートを近づける。

問４　図２のアの生物の名前を答えなさい。(2 点)

問５　図２のア～エの生物のうち，実際の大きさが最も大きいものをア～エから１つ選び，記号で答えなさい。(3 点)

2　小学6年生のサラさんと，小学5年生のリカさんがミョウバンについて話しています。次の会話文を読んで，あとの問いに答えなさい。(配点13点)

リカ：お姉ちゃん，5年生の理科の教科書にミョウバンが出てきたんだけど，ミョウバンって何に使われているの？
サラ：ウニの身をくずさないためだったり，(　A　)に使われたりするよ。
リカ：そうだったんだ。勉強になった。
サラ：実はここにミョウバンがあるのよ。見てみる？
リカ：見たい，見たい。
サラ：じゃ，ミョウバンをルーペで観察してみよう。
リカ：やったー。教科書にのっていた写真の実物がみれるなんて。
サラ：規則正しい形をした粒を結晶というのよ。
リカ：知ってるもん。今日，授業で習ったよ。それ以外にも条件によってミョウバンが水に溶ける量が変わることを勉強したわ。
サラ：資料によると水の温度と水100gに溶かすことのできるミョウバンの量には，表のような関係があるのよ。
リカ：ミョウバンは，温度が高くなるにつれて，水に溶ける量が急に大きくなるんだね。

表：水100gに溶かすことができるミョウバンの量

水の温度	20 ℃	40 ℃	60 ℃	80 ℃
ミョウバン (g)	5.8	11.7	24.8	71.0

問1　(　A　)に入る言葉として，最も適当なものを次の①～④から1つ選び，番号で答えなさい。(2点)

①　みそ汁に甘味を加えるため　　②　牛肉のくさみを消すため
③　ゴーヤの苦みをとるため　　④　ナスのつけ物の色を保つため

問2　下線部について，ミョウバンの結晶の形として最も適当なものを次のア～エから1つ選び，記号で答えなさい。(2点)

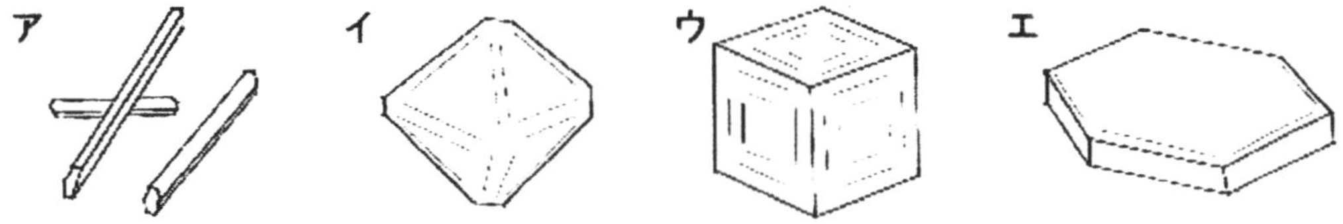

問3　20 ℃の水50gにミョウバン12.4gを溶かし，ミョウバン水を作りました。このとき，溶けきれずに残ったミョウバンがありました。次の(1)と(2)について答えなさい。(各3点，計6点)

(1)　溶けきれずに残ったミョウバンは何gですか。

(2)　このミョウバン水を何℃以上にすると，ミョウバンを全て溶かすことができますか。

問4　80 ℃の水400gにミョウバンを溶けるだけ溶かし，40 ℃まで温度を下げると何gのミョウバンが溶けきれなくなって出てきますか。小数第一位を四捨五入して答えなさい。(3点)

3　下の図は，ある崖《がけ》に見られた地層です。あとの問いに答えなさい。(配点 13 点)

図

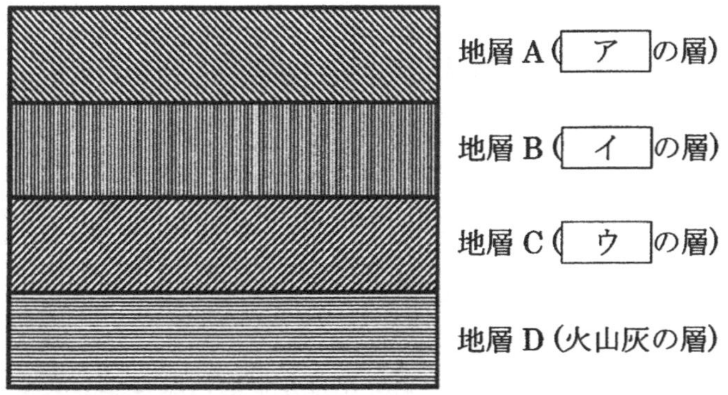

問 1　地層は水の流れによる様々なはたらきによってつくられます。(a)～(c)のはたらきを表す言葉の組み合わせとして，最も適当なものを次の①～⑥から 1 つ選び，番号で答えなさい。(2 点)

(a)　流れる水が土砂を運ぶはたらき
(b)　流れる水が土砂を積もらせるはたらき
(c)　流れる水が土砂をけずるはたらき

①　(a)　しん食　(b)　運ぱん　(c)　たい積
②　(a)　しん食　(b)　たい積　(c)　運ぱん
③　(a)　運ぱん　(b)　しん食　(c)　たい積
④　(a)　運ぱん　(b)　たい積　(c)　しん食
⑤　(a)　たい積　(b)　しん食　(c)　運ぱん
⑥　(a)　たい積　(b)　運ぱん　(c)　しん食

問 2　地層 A から地層 C において，地層にふくまれるつぶの大きさは，上にいくほど大きくなっていました。次の(1)と(2)について答えなさい。(各 3 点，計 6 点)

(1)　ア ～ ウ に入る言葉の組み合わせとして，最も適当なものを次の①～⑥から 1 つ選び，番号で答えなさい。

①　ア：砂　イ：泥　ウ：れき
②　ア：砂　イ：れき　ウ：泥
③　ア：泥　イ：砂　ウ：れき
④　ア：泥　イ：れき　ウ：砂
⑤　ア：れき　イ：泥　ウ：砂
⑥　ア：れき　イ：砂　ウ：泥

(2)　地層 A から地層 C の並び方からわかることとして，最も適当なものを次の①～④から 1 つ選び，番号で答えなさい。

①　海がしだいに深くなっていった。　②　海がしだいに浅くなっていった。
③　海水温が上がっていった。　④　海水温が下がっていった。

問 3　地層 D ができるときに起きたと考えられる出来事を答えなさい。(3 点)

問 4　地層には化石がうまっていることがあり，その化石から地層ができたときのかん境を知る手がかりを得られるときがあります。地層からサンゴの化石が見つかったとき，この地層ができた当時のかん境として，最も適当なものを次の①～④から 1 つ選び，番号で答えなさい。(2 点)

①　冷たくて浅い海。　②　冷たくて深い海。
③　あたたかくて浅い海。　④　あたたかくて深い海。

4 硬貨《こうか》の重さを調べる実験を行いました。1円硬貨の重さは1gです。あとの問いに答えなさい。ただし，糸，皿，棒の重さは無視できるものとします。（配点12点）

【実験Ⅰ】

図1のようなてんびんを用いて，左側の皿に1円硬貨，右側の皿に重さを量りたい硬貨をのせた。

図1

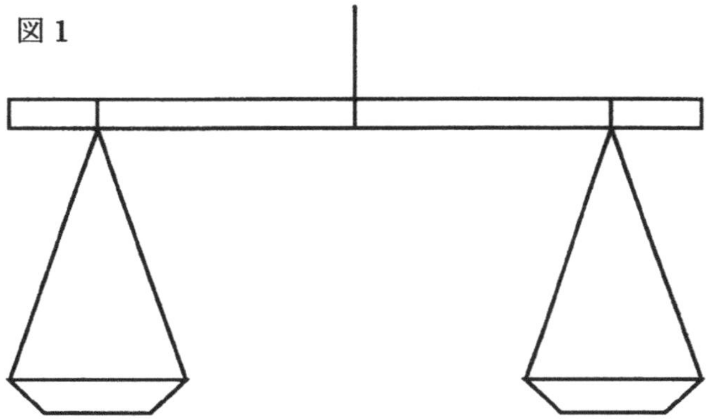

手順1：左側の皿に1円硬貨15枚，右側の皿に5円硬貨4枚をのせたとき，てんびんがつり合った。

手順2：左側の皿に1円硬貨9枚，右側の皿に10円硬貨2枚をのせたとき，てんびんがつり合った。

手順3：左側の皿に1円硬貨4枚，右側の皿に50円硬貨1枚をのせたとき，てんびんがつり合った。

【実験Ⅱ】

図2のようなさおばかりを用いて，右側におもりとして50円硬貨を1枚つるした。左側の皿は支点から左に40cmの点に固定した。

図2

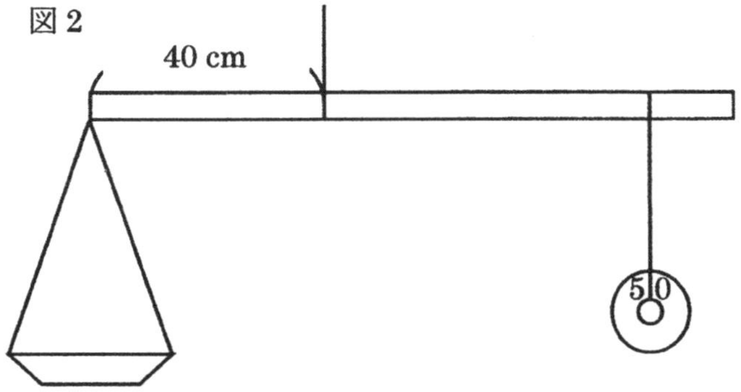

手順4：皿に100円硬貨を1枚のせ，おもりの位置を動かすと，おもりが支点から右に48cmの点で，さおばかりがつり合った。

手順5：皿に500円硬貨1枚をのせ，おもりの位置を動かすと，おもりが支点から右に70cmの点で，さおばかりがつり合った。

問1　50円硬貨の重さは何gですか。(2点)

問2　100円硬貨と50円硬貨の重さの比を最も簡単な整数の比で答えなさい。どのように考えたかも書きなさい。(3点)

問3　【実験Ⅱ】において，皿に10円硬貨を1枚のせたとき，おもりが支点から右に何cmの点にあれば，さおばかりはつり合いますか。(2点)

問4　5円硬貨，10円硬貨，50円硬貨，100円硬貨，500円硬貨を軽い順に並べなさい。(3点)

問5　てんびんやさおばかりは，てこを利用した道具です。てこを利用した道具としてふさわしくないものを次の①～④から1つ選び，番号で答えなさい。(2点)

①　くぎぬき

②　クリップ

③　ホッチキス

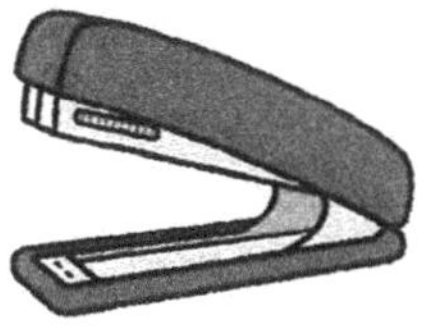

④　ピンセット

２０２３年度　北星学園女子中学高等学校　入学試験問題　社会

(30分)

1　次の会話文を読み、下の問いに答えなさい。(配点 22 点)

北子：ねえ、ア)SDGs って知っている？
星子：もちろん。世界共通の 17 の目標よね。
北子：イ)札幌市も SDGs 達成《たっせい》に向けて精力的《せいりょくてき》に取り組んでいるんだって。
星子：ウ)環境《かんきょう》分野では、2018 年 6 月に SDGs 未来都市に選ばれたよね。
北子：そうそう、札幌はフェアトレードタウンとしても認定《にんてい》されているのよ。
星子：途上国《とじょうこく》の生産者は弱い立場に置かれているわ。苦しい生活から抜け出せないのが問題なの。
北子：だからフェアトレードのしくみが大切なのよね。

問１　下線部ア)について、次の問いに答えなさい。

(1)　SDGs とは、『(　　) な開発目標』のことです。(　　) にあてはまる語句を答えなさい。(3 点)

(2)　次の開発目標の中で、あなたが取り組めそうな目標は何番ですか。その番号と、いま取り組んでいることや、これから取り組みたいと考えていることを具体的に答えなさい。(3 点)

※お詫び：著作権上の都合により，イラストは掲載しておりません。
ご不便をおかけし，誠に申し訳ございません。　教英出版

問２　下線部イ)について、次の問いに答えなさい。

(1)　この都市の雨温図としてあてはまるものを、次の①～④から１つ選び、番号で答えなさい。また、この雨温図を選んだ理由を説明しなさい。(2 点) (3 点)

①

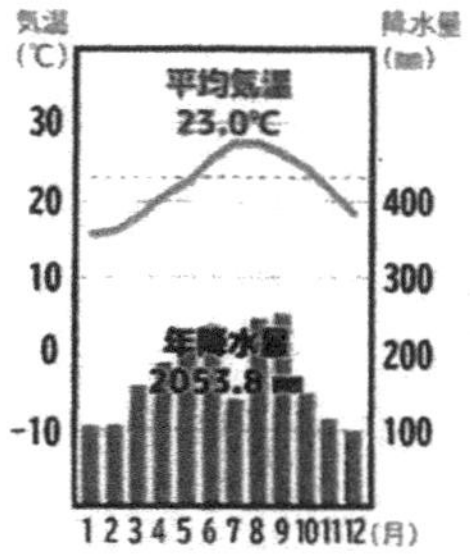

②

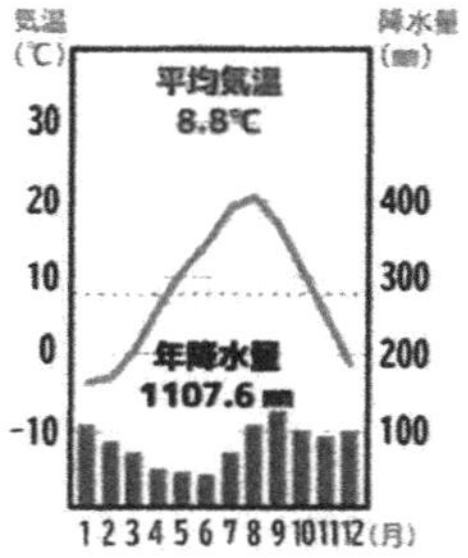

③

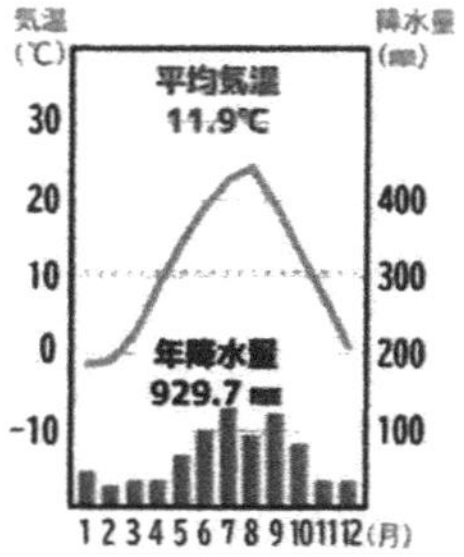

④

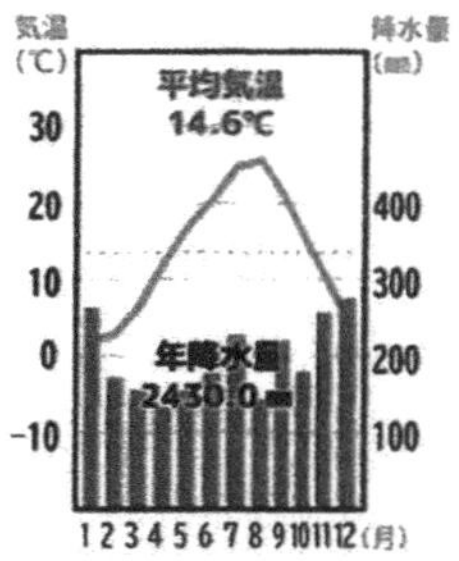

(2)　この都市の現在の人口に最も近いものを、次の①～④から１つ選び、番号で答えなさい。(2 点)

①　約 90 万人　　②　約 140 万人　　③　約 190 万人　　④　約 240 万人

(3)　この都市では２月になると、祭りが開かれます。次の写真を参考に、この祭りの名前を答えなさい。(2 点)

(4)　この都市について、次の文章の(　A　)～(　D　)にあてはまる語句を、それぞれ答えなさい。(各１点)

明治時代より前まで北海道は（　A　）と呼ばれ、そこには（　B　）民族という先住民がいて狩《か》りや漁を中心に生活していた。明治時代になると、政府は北海道に注目し、積極的に開拓《かいたく》するようになった。札幌に開拓使《かいたくし》という役所をおき、（　C　）とよばれる兵士が中心となって、開拓をおこなった。1876 年には、開拓をおこなう若者を育てる目的で札幌農学校が開校し、初代教頭として（　D　）博士がアメリカから招かれた。

問３　下線部ウ)について、近年、自然のエネルギーを使った発電方法への転換《てんかん》が進んでいます。その理由を、「地球温暖化」という言葉を使って説明しなさい。(3 点)

2　次のA・Bの人物の言葉を読み、下の問いに答えなさい。(配点 16 点)

A

わたしは、清和天皇《せいわてんのう》を先祖にもつ源頼朝です。わたしは、現在の神奈川県にa)幕府を開きました。その後、幕府はb)承久の乱やc)モンゴルとの戦いにより、危機に直面することもありました。

B

わたしは、桓武天皇《かんむてんのう》を先祖にもつ平氏の武士です。わたしは、d)現在の広島県にある神社を平氏の守り神として大切にするようになりました。しかし、e)源氏との間に起きた戦いで、1185 年に我が一族は滅亡しました。

問1　Aについて、次の問いに答えなさい。

(1)　この人物の妻の名前を答えなさい。(2 点)

(2)　下線部 a)は何幕府ですか。その名称を答えなさい。(2 点)

(3)　下線部 b)について、この反乱を起こした上皇の名前を答えなさい。(2 点)

(4)　次の絵は、下線部 c)について描《えが》いたものです。この絵から考えられる、元軍の戦いの特徴を２つ答えなさい。(各 2 点)

問2　Bについて、次の問いに答えなさい。

(1)　この人物の名前を答えなさい。(2 点)

(2)　下線部 d)の神社を何といいますか。次の写真を参考に、下の①～④から１つ選び、番号で答えなさい。(2 点)

①　厳島神社　　②　出雲大社　　③　伊勢神宮　　④　鶴岡八幡宮

(3)　下線部 e)の戦いを何というか答えなさい。(2 点)

3　次の会話文を読み、下の問いに答えなさい。(配点 10 点)

星子：2022 年 7 月に、ｱ) 参議院議員選挙が行われたよね。
北子：お姉ちゃんも初めてｲ) 投票に行っていたよ。
星子：ｳ) 国会についても学校で勉強したよね。
北子：あと、金融《きんゆう》機関についても勉強したよね。
星子：2024 年にｴ) 紙幣《しへい》のデザインが変わるのよね。新しいお札を見るのが楽しみね。

問 1　下線部ｱ) について、次の表の（　　）にあてはまる数字を答えなさい。(各 1 点)

議員定数	248 名
任期	（ A ）年
解散	なし
被《ひ》選挙権	満（ B ）歳以上

問 2　下線部ｲ) について、現在選挙権は、満何歳以上の男女にあたえられているか答えなさい。(2 点)

問 3　下線部ｳ) の地位について、次の日本国憲法の条文にあてはまる語句を、それぞれ漢字 2 文字で答えなさい。(各 1 点)

第 41 条　国会は、国権の（ A ）機関であって、国の唯一の（ B ）機関である。

問 4　下線部ｴ) について、次の問いに答えなさい。

(1)　日本で唯一、紙幣を発券できるのは何銀行か答えなさい。(1 点)

(2)　現在の 5,000 円札の裏面には何が描《えが》かれているか、次の①〜④から 1 つ選び、番号で答えなさい。(1 点)

①　守礼門　　②　鳳凰《ほうおう》　　③　富士山と桜　　④　燕子花《かきつばた》

(3)　2024 年に発券される 5,000 円札に描かれる人物として正しいものを、次の①〜④から 1 つ選び、番号で答えなさい。(2 点)

①　樋口一葉《ひぐちいちよう》　　②　津田梅子《つだうめこ》　　③　平塚《ひらつか》らいてう　　④　与謝野晶子《よさのあきこ》

4　地図中の A と B の国は、2022 年 5 月に北大西洋条約機構 (NATO) への加入を申し出た国です。この国名を次の①〜⑥からそれぞれ 1 つ選び、番号で答えなさい。

(配点 2 点) (各 1 点)

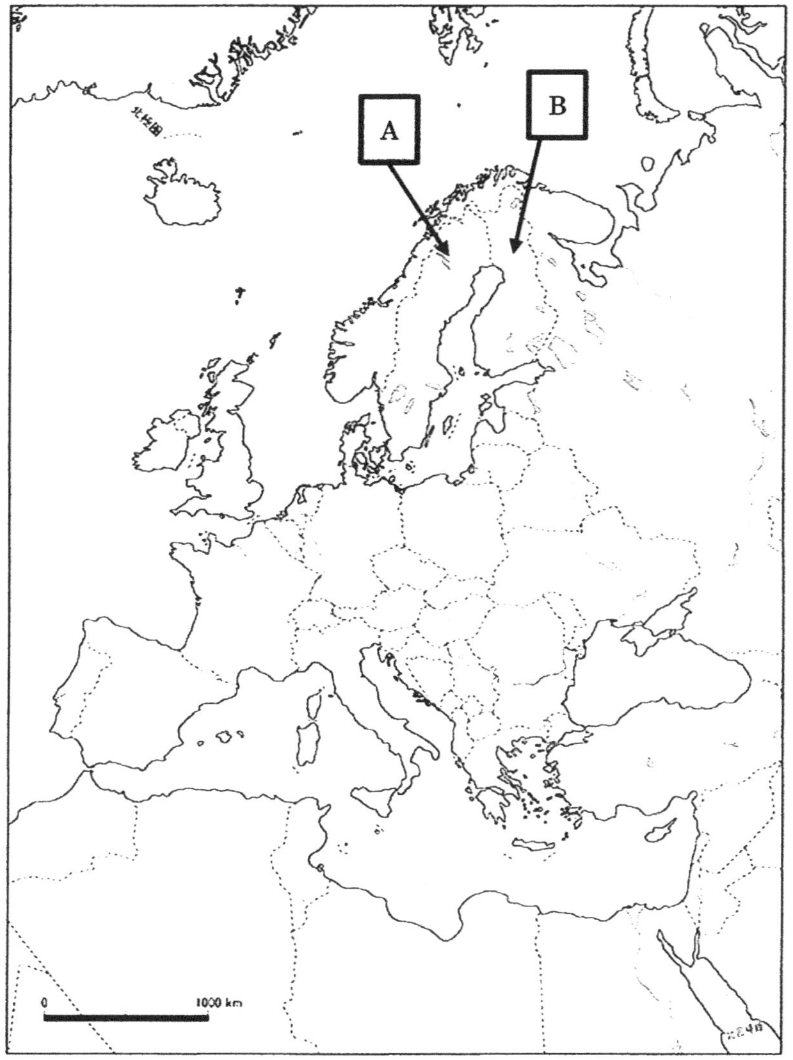

①　スウェーデン　　②　デンマーク　　③　フィンランド
④　ポーランド　　⑤　ノルウェー　　⑥　アイスランド

二〇二三年度 北星学園女子中学高等学校入学試験 解答用紙 国語

受験番号

名前

※100点満点

100

問題一

①
②
③
④
⑤
⑥
⑦
⑧
⑨
⑩

問題二

①
②
③

問題三

① 季語 季節
② 季語 季節

問題四

問題五

①
②

問題六

青リボン↓
白リボン↓
緑リボン↓

問題七

①
②
③

問題八

問一
問二
問三
問四
問五 五十字以内 三十字以内
問六 A B C
問七
問八
問九

問題九

問一
問二
問三
問四 A B
問五
問六
問七
問八 ↓ ↓ ↓ ↓ ↓
問九

※100点満点

北星学園女子中学高等学校 2023 年度（1 期）入学試験解答用紙　算数　　受験番号（　　　　　）　氏名（　　　　　　　　　　）

点

1

(1)　　　円	(2)
(3)	

2

(1)	(2)
(3)	(4)
(5)	

3

(1)　　　時間後	(2)　　　人
(3)　　　人	(4)　　　°

4

(1)　　　分後	(2)　　　時間　　　分後

5

(1)　　　円	(2)　　　円

6

(1)　　　点	(2)　　　通り

7

(1)　　　cm^2	(2)　　　cm^2

8

(1)　　　点
(2) ア　　　イ

9

(1)　　　cm^3	(2)　　　cm^3
(3)　　　cm	

北星学園女子中学高等学校 2023 年度 1 期　入学試験解答用紙　(理科)

受験番号		氏名	

1

問 1	問 2 倍
問 3 → → →	
問 4	問 5

2

問 1	問 2
問 3 (1) g	問 3 (2) ℃
問 4 g	

3

問 1	問 2 (1)	問 2 (2)
問 3		問 4

4

問 1 g
問 2
問 3 支点から右に cm
問 4 円硬貨＜ 円硬貨 ＜ 円硬貨 ＜ 円硬貨 ＜ 円硬貨
問 5

点

※50点満点

2023年度　北星学園女子中学高等学校(1期)入学試験　社会　解答用紙

受験番号	氏名

点

※50点満点

1

問1	(1)	
	(2)	番
問2	(1)	
	(2)	
	(3)	
	(4) A	
	(4) B	
	(4) C	
	(4) D	
問3		

2

問1	(1)	
	(2)	
	(3)	
	(4)	
問2	(1)	
	(2)	
	(3)	

3

問1	A	
	B	
問2	満　　歳	
問3	A	
	B	
問4	(1)	
	(2)	
	(3)	

4

A	
B	

二〇二二年度　北星学園女子中学高等学校入学試験（1期）　問題用紙　国語　（45分）

問題一　次の①～③の――部を漢字と送りがなで書きなさい。④～⑩の――部は漢字で書きなさい。（各1点）

① 子どもをヤシナウ。
② 考えをアラタメル。
③ うったえをシリゾケル。
④ ゼッタイにまちがえない。
⑤ イジョウ気象が続く。
⑥ オリンピックがカイマクする。
⑦ 王様としてクンリンする。
⑧ カンダンの差が激しい。
⑨ 会長にリッコウホする。
⑩ それはアンイな考え方だ。

問題二　次の各組の中には、それぞれ一つずつ種類のちがった言葉が入っています。その言葉を選び、ア～エの記号で答えなさい。（各1点）

① ア はしる　イ おきる　ウ あらゆる　エ たのしむ
② ア そんな　イ へたな　ウ しずかな　エ ふしぎな
③ ア けれど　イ よほど　ウ すると　エ それとも

問題三　次の語の対義語を答えなさい。（各1点）

① 乗車　② 生産　③ 可決

問題四　次の――部のカタカナの部分を漢字で書くと、部首は「何へん」になりますか。正しいものを選び、記号で答えなさい。（各1点）

① 用具の点ケン。
② 元気でカイ活な子。
③ 知シキを深める。
④ 成セキが上がる。

ア うまへん　イ きへん　ウ しめすへん　エ いとへん
オ ごんべん　カ こざとへん　キ のぎへん　ク りっしんべん

問題五　次の①・②の言葉を国語辞典で引くと、どの順でのっていますか。正しい順に並べ、記号で答えなさい。（各完全2点）

① ア 自由　イ シュークリーム　ウ 私有　エ 習字
② ア 氷　イ 小売り　ウ ゴール　エ 後列

問題六　（例）をよく見て、文字パズルのやりかたを理解し、AとBの空らんにあてはまる語句をひらがなで答えなさい。正解はいくつかあります。（完全2点）

（例）「あり」→「あめ」→「かめ」→「かお」

①「くつ」→「　A　」→「　B　」→「しお」

問題七　次の①・②の中の言葉を並べかえて、意味の通じる二文を作りなさい。（各完全2点）

① 出した ／ 私は ／ おだやかだ ／ だから ／ 海は ／ 船を ／ 今日の
② この ／ 花が ／ 調べてみよう ／ 花の ／ 咲いている ／ こんなところに ／ 名前を

問題八　次の文章を読んであとの問いに答えなさい。

高校一年生の麦菜《むぎな》は、自宅でパン屋を経営している父と母と小学生の弟、祖母と五人で暮らしている。本文中の「空中回廊《くうちゅうかいろう》」とは、円形の通路にらせん階段がついている珍しい形の歩道橋のことである。麦菜の自宅はこの歩道橋の階段のすぐ近くにあり、麦菜と弟はこの歩道橋を毎日使って通学している。歩道橋には毎日いろいろな人がいて、その中には火ばさみを持ってごみ拾いをする男の人もいる。麦菜は介護が必要な祖母との生活や母との関係に悩《なや》みながら毎日を過ごしている。この場面は、麦菜が友達とカラオケを楽しんだ帰り道の場面である。

お詫び
著作権上の都合により、文章は掲載しておりません。
ご不便をおかけし、誠に申し訳ございません。
教英出版

（升井純子 『ドーナツの歩道橋』より）

問一 ——①「今日のタンポポはもう一日の仕事を終えたようにしぼんでいた」とありますが、ここで使われている表現技法として、最も適切なものを次のア～エから一つ選び、記号で答えなさい。（3点）

ア 反復法　イ 倒置法　ウ 比ゆ　エ 対句

問二 ——②「そんなとき」とありますが、どのようなときですか。十五字程度で答えなさい。（4点）

問三 ——③「自分が車を引きよせているような錯覚」とありますが、「錯覚」とは「思い違いをする」という意味です。主人公はどのような思い違いをしているのですか。解答らんに合うように二十字以内で答えなさい。（4点）

問四 ——④「心に巣くう自分のズルさ」とありますが、具体的にどのようなことですか。六十五字以内で説明しなさい。（8点）

問五 ——⑤「クモの子を散らす」とありますが、これはどのような状態ですか。最も適切なものを次のア～エから一つ選び、記号で答えなさい。（3点）

ア 子どもたちが突然泣き出す状態。
イ 子どもたちがごみを落とす状態。
ウ 子どもたちが大人に怒《おこ》られる状態。
エ 子どもたちがばらばらになる状態。

問六 ——⑥「事実」とありますが、どのようなことですか。十五字以上二十五字以内で簡潔にまとめなさい。（5点）

問七 ——⑦「こんなこと」とありますが、どのようなことですか。二十字以内で答えなさい。（4点）

問八 本文に合う内容として最も適切なものを次のア～エから一つ選び、記号で答えなさい。（5点）

ア 麦菜は友達と遊んでせっかく楽しい気持ちになったのに、歩道橋で弟が同級生にからかわれているところを見てしまい、弟がかわいそうになり、家族にそのことを話すべきか悩んでいる。
イ 家族の問題や母との関係に悩んでいる麦菜は、友達と遊んだ帰り道に、偶然出会った弟が祖母の面倒を見ていたことを知り、家族のことを知っているつもりでしかなかったと気づいた。
ウ 母との関係に悩み、祖母のことをよく思っていない麦菜は、歩道橋で弟が祖母の世話をしていることを知り、これからは家族のことを第一に考えて生活していこうと反省した。
エ 自分の生活がうまくいっていない麦菜だったが、歩道橋の上では何でもうまくいくような堂々とした気持ちになり、友達にからかわれた弟のことを励《はげ》まそうと必死に声をかけている。

問題九 次の文章を読んであとの問いに答えなさい。

今日も美しい夕焼けに西の空が染まっています。私たち百姓《ひゃくしょう》は夕焼けを観賞する前に、わきあがってくるひとつの情感にとらわれます。「この分では明日は確実に晴れるな。明日はあの田んぼを耕しておこう」と思うのです。全国各地に①「夕焼けに鎌《かま》を研《と》げ」ということわざが残っているのは、百姓の感覚をよくあらわしています。夕焼けは西の空が乾燥《かんそう》しているときに出現します。西のほうの状態が明日のこの地方の天気になるのです。夕焼けは明日の晴天を約束しているのですから、百姓仕事の準備（鎌を研ぐ）をしておけ、という教えなのです。このように風景を見てもまず、仕事との関係を見るのが百姓の習慣です。

この習慣はどうして生まれたのでしょうか。風景を田んぼに移して考えてみましょう。最初に田植え直後の②田んぼの風景をとりあげてみます。百姓でない人は、田んぼが鏡のようになって、向こう側の山が映るようすに感動するかもしれません。あるいは、田んぼにたまった水を風が渡《わた》るときの小さな波紋《はもん》が、頼《たよ》りなげな苗《なえ》を揺《ゆ》するようすを美しいと思うかもしれません。もちろん私たちも百姓もそういう姿に目をとめないことはありませんが、その前に（Ⅰ）稲《いね》の苗の育ちが気にかかっているので、苗のようすを見てしまうのです。水に溺《おぼ》れていないか、葉の色は黄色なままか、根が伸《の》びているはずだから少しは緑色が増してきてはいないか、風で葉先が枯《か》れてはいないか、イネゾウムシがついてはいないか、ウンカが飛んできてはいないか、と気づかうのです。

つぎに、（Ⅱ）稲のために何かをする仕事はないかと考えます。すこし水が足りないな、増やしておこう。畔《あぜ》がこのへんから水漏《みずも》れしているな、穴を見つけてふさいでおこう。畔の草がもう伸びてきたな、そろそろ刈《か》らねばならないな、などと仕事のことを考えます。

［　A　］、やっと（Ⅲ）稲が育っている田んぼ全体のようすの心地のよさに、気持ちが移っていくのです。この田植え後のやっと稲が根づいたようすは、ほんとうに安堵《あんど》するな、稲と水と水に映った空の色がじつに気持ちがいいな、などと堪能《たんのう》※するのです。田んぼの風景のよさに身を浸《ひた》すのです。

しかし、（Ⅰ）と（Ⅱ）のことは家族にも近所の人にも話しますし、まして百姓どうしではいつも口に出しますが、（Ⅲ）のことを人に話すことはありません。家族にも話しません。風景に関することわざがないのは、そのことを証明しているでしょう。風景も自然からのメッセージとして受け取り、風景そのものを風景として伝えてこなかった伝統がここにあります。

③どうして百姓は風景を表現することができないのでしょうか。あまりにありふれていて、とりたてて人に語ることではないと思っているのです。自分の村の風景のよさは自分だけが感じていればすむことで、べつにそれへの共感を確認する必要はないでしょう。いつもそこで生じているものだから、わざわざ伝える意味はありません。

それに、それはいつも見ることができる風景ですから、記憶《きおく》する必要もありません。したがって、感動しても数時間後には忘れてしまいます。忘れても、また感じることができるから、思い出さないし、他人に話さないから、いよいよ記憶にもとどまりにくいのです。

［　B　］百姓も旅行するときには違《ちが》います。たしかに④旅先の村の風景を見ると、作物のこと、仕事のことを思いますが、あるいは自分の田畑のことを思い出しますが、すぐに風景としても観賞しはじめるのです。作物や仕事から引きとめられることが弱いからです。まして、青い青い海や雪を頂いた高山などを見ると、作物や仕事のかけらもないので、すぐにその風景を堪能できます。このように旅行者は、自分の仕事や暮らしがない非日常の世界で風景を見るので、最初から風景が出現するのです。

風景は［　C　］によって発見されました。つまり、風景は外から見るときにはかんたんにあらわれると言っていいでしょう。たとえば「ふるさとの風景」はすぐに思い浮《う》かべることができるでしょう。それはふるさとを出た人間だからです。私もふるさとを出て、今の在所で百姓しているので、ふるさとの思い出は、何よりも風景として記憶されています。ところが、今の在所の風景を思い浮かべることはほとんどありません。どこにいても思い浮かべるのは、田んぼの稲や畑の野菜やみかんのできのことです。

（宇根豊『農は過去と未来をつなぐ——田んぼから考えたこと』岩波ジュニア新書より）

注※堪能…じゅうぶんに満足すること

問一　——①「夕焼けに鎌を研げ」とありますが、このことわざは「百姓」にとってどのような意味ですか。本文の語句を使って二十五字程度で答えなさい。（5点）

問二　——②「田んぼの風景」とありますが、「百姓」は自分の村の風景から何を受け取っているのですか。本文から十字でぬきだしなさい。（3点）

問三　［　A　］・［　B　］に入る適切な語句を次のア～オから選び、それぞれ記号で答えなさい。（各2点）

ア　ところが　イ　そして　ウ　たとえば　エ　あるいは　オ　また

問四　——③「どうして百姓は風景を表現することができないのでしょうか」とありますが、その理由を「村の風景」と「記憶」という語句を使って六十字以内で説明しなさい。（8点）

問五　——④「旅先の村の風景」とありますが、これはどのような場所を指しますか。本文から十八字以内でぬきだしなさい。（3点）

問六　［　C　］に入る適切な語句を漢字三字で本文から探し、ぬきだしなさい。（3点）

問七　次の文を、本文にある「百姓」の仕事の順番として正しく並べかえ、記号で答えなさい。（3点）

ア　土を改良したり、水温を調整したりする。

イ　稲が田んぼに根づく様子を堪能する。

ウ　稲の葉や穂に斑点《はんてん》の模様がついていないか確認する。

問八　本文の内容として最も適切なものを次のア～エから一つ選び、記号で答えなさい。（5点）

ア　美しい夕焼けは西の空が乾燥しているときに出現するが、それは次の日の天候が全国的に良くなることを暗示している。

イ　田植え直後の田んぼの風景は、そこで作業をしている百姓だけが、田んぼが鏡のようになって山が映る風景の感動を味わうことができる。

ウ　稲の苗の育ちは、日々苗の様子を観察することでその状態を把握することができるため、百姓たちは稲のためにできる仕事を常に考える。

エ　旅先の村の風景は、いつも見る田んぼの稲や畑の野菜が実るものと同じように、今の在所の風景と重なって堪能することができる。

２０２２年度　北星学園女子中学高等学校　入学試験問題　算数

(45分)

※音声と放送原稿非公表

1　放送を聞いて，次の問いに答えなさい。ただし，スマートフォンとフィーチャーフォンの両方を所有している者はいないものとします。（各4点，計12点）

(1)　小学校6年生の携帯電話の所有率は何%か求めなさい。

(2)　中学校1年生が所有する携帯電話のうち，スマートフォンの割合は何%か求めなさい。小数第2位を四捨五入して答えなさい。

(3)　北海道の中学生の人口は123129人である。夜12時過ぎまでインターネットを使用している中学生のおよその数を，四捨五入して百の位までのがい数を求めなさい。

2　次の計算をしなさい。ただし，(5)は □ にあてはまる数字を答えなさい。

（各4点，計20点）

(1)　$2 + 3 \times 5$

(2)　$36 \div \frac{2}{3}$

(3)　$1\frac{1}{6} - \frac{1}{2} + \frac{2}{3}$

(4)　$21 \times 19 + 21 \times 29 - 21 \times 8$

(5)　$7 \times 6 + (3 + 18 \div \square) \times 2 = 52$

3 次の問いに答えなさい。（各4点，計16点）

(1) 1辺の長さが等しい正三角形と正方形を図のように重ねました。アの角度は何度か求めなさい。

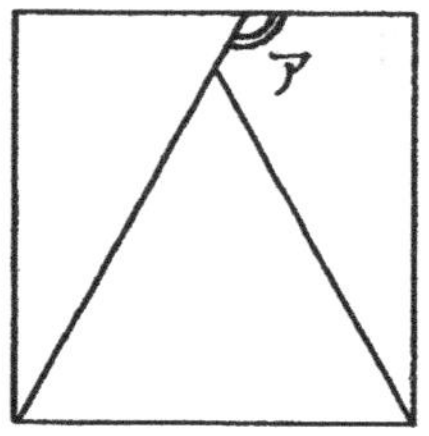

(2) 木のかげの長さをはかったら6 m ありました。このとき1.2 m の棒を地面にまっすぐ立てたら，かげの長さは90 cm でした。木の高さは何 m か求めなさい。

(3) 18秒に一度点灯する照明と，30秒に一度点灯する照明があります。両方の照明が同時に点灯してから次に同時に点灯するまでの時間は何秒か求めなさい。

(4) 連続した3つの奇数の和が249であるとき，この3つの奇数のうち一番小さい数を求めなさい。

4 右の表は，A，B，C，D，Eの5人の生徒が英語の小テストを受けた結果です。次の問いに答えなさい。（各4点，計8点）

生徒	A	B	C	D	E
点数	12	18	6	10	14

(1) 5人の平均点を求めなさい。

(2) ある人は，(1)の計算をするとき，Cさんの点数をまちがえてしまい，正しい平均点よりも0.6点高くなってしまいました。Cさんの点数を何点として計算してしまったのか求めなさい。

5　生徒数が27人のクラスで，日直の当番表を作りました。日直は出席番号順に2人1組で行い，1週目の月曜日は1番と2番の人，火曜日は3番と4番の人，… というようになり，27番の人の次は1番の人にもどります。祝日などの休みは考えないものとして，次の問いに答えなさい。（各4点，計8点）

	月	火	水	木	金
1週	1・2	3・4	5・6	7・8	9・10
2週	11・12	13・14	15・16	17・18	19・20
3週	21・22	23・24	…	…	…

(1)　出席番号1番の人が2回目に日直をするのは，何週目の何曜日か求めなさい。

(2)　出席番号1番の人がはじめて金曜日に日直をするのは，何週目か求めなさい。

6　図のような容器A，Bがあります。容器Aに水をいっぱいまで入れて容器Bに移すことをくり返します。4回目に水を移している途中で容器Bは水でいっぱいになり，容器Aにはちょうど3分の1の量の水が残っていました。容器Bは直方体である。次の問いに答えなさい。（各4点，計8点）

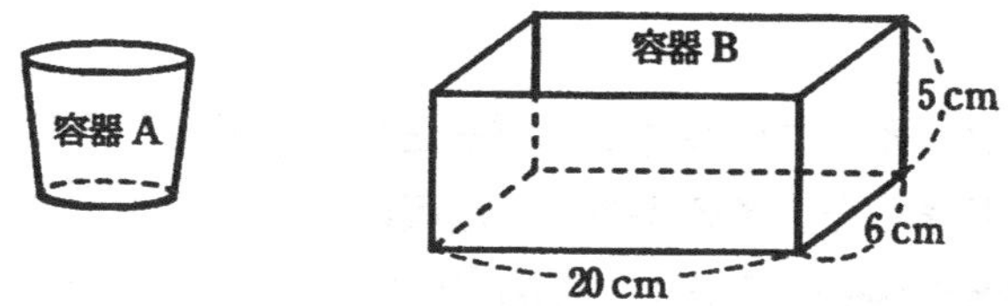

(1)　容器Bの容積は何 cm^3 か求めなさい。

(2)　容器Aと容器Bの容積の比を，最も簡単な整数の比で表しなさい。

7　次の問いに答えなさい。（各4点，計8点）

(1)　196の約数をすべて求めなさい。

(2)　右の図のように，アの正方形と，イ，ウの長方形をぴったり合わせて，大きい正方形をつくりました。イの長方形の面積は84 cm^2 で，大きい正方形の面積は196 cm^2 です。ウの長方形の面積は何 cm^2 か求めなさい。

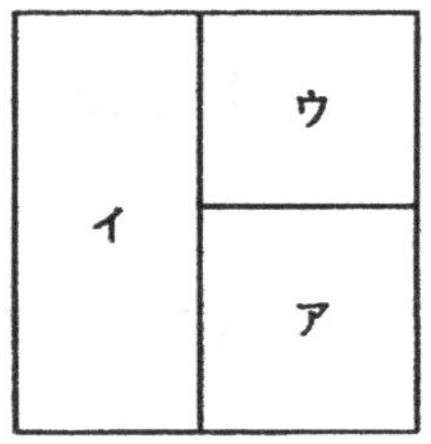

8　修学旅行に139人が参加することになりました。旅館の部屋割りを考えたところ，1部屋に8人ずつ泊まるとすると，3人の部屋が1つできて，2部屋あまりました。これについて，次の問いに答えなさい。（各4点，計8点）

(1)　使うことができる部屋は何部屋あるか求めなさい。

(2)　1部屋に泊まる人数を6人か7人にして，部屋が余ることなく全員泊まれるようにします。7人の部屋を何部屋にすればよいか求めなさい。

9　童話「ウサギとカメ」は，足の速いウサギと足の遅いカメが競走し，最終的にはカメが勝利する話です。ウサギは自分の足の速さに自信を持っており，そのことに油断したウサギは競争の途中で昼寝をしてしまい，気が付いた時にはカメが先にゴールしていました。

下のグラフは，スタート地点を同時に出発してから400 m先にあるゴールに着くまでのウサギとカメの様子を表したものです。ウサギとカメの移動中の速さは常に一定であるものとして，次の問いに答えなさい。（各4点，計12点）

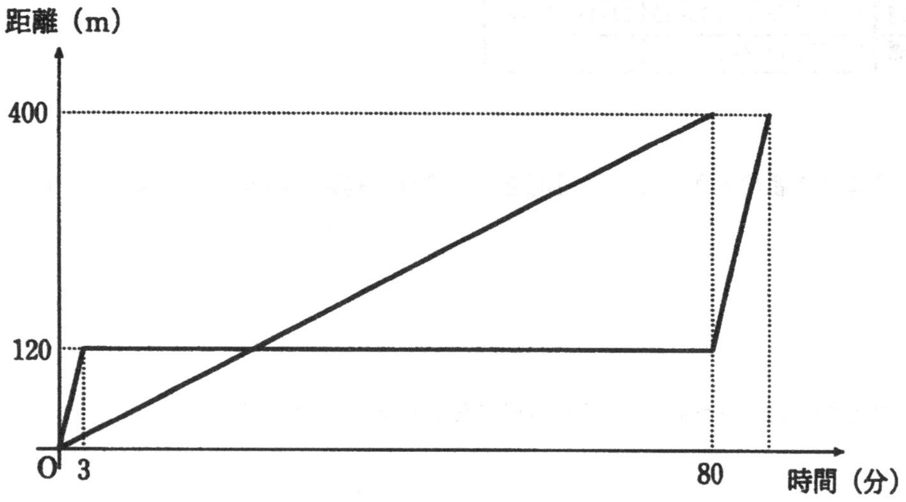

(1)　カメの速さを分速で求めなさい。

(2)　カメがウサギに追いついたのは，出発してから何分後か求めなさい。

(3)　カメがゴールしたとき，ウサギはちょうど昼寝からさめました。ウサギはあと何分早く起きてゴールを目指せばカメと同時にゴールできたかを求めなさい。

(60分)

Listening (30 points)

※100点満点

Part 1 – 6 questions (1x6=6)

※音声と放送原稿非公表

Listen and check the box. There is one example.

Example: What will they have for dinner?

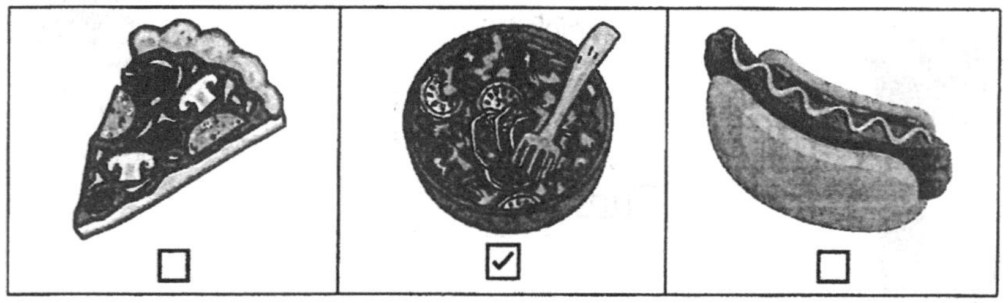

1. Where is my cat?

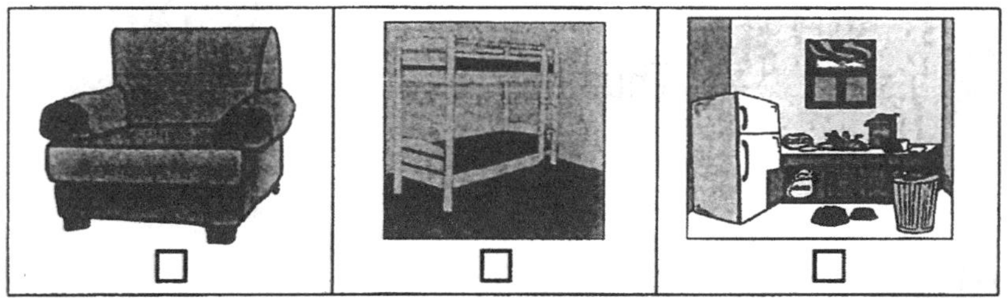

2. Which page should they open their book to?

3. What animal is Lucy?

4. What does he want with his hamburger?

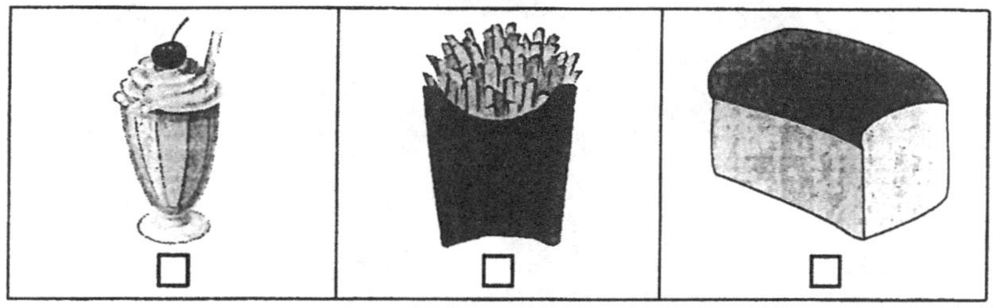

5. How much is the computer?

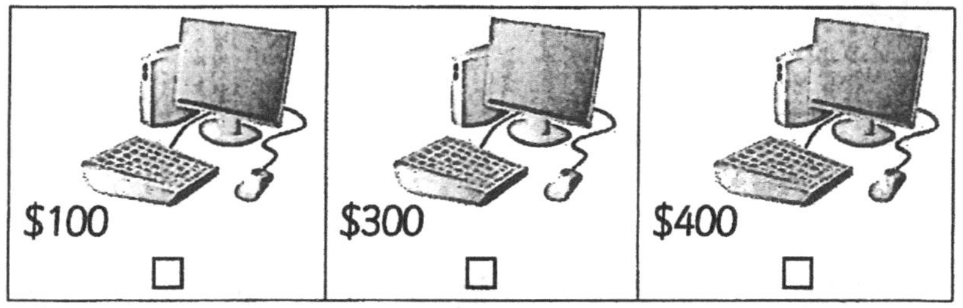

6. What does he want for breakfast?

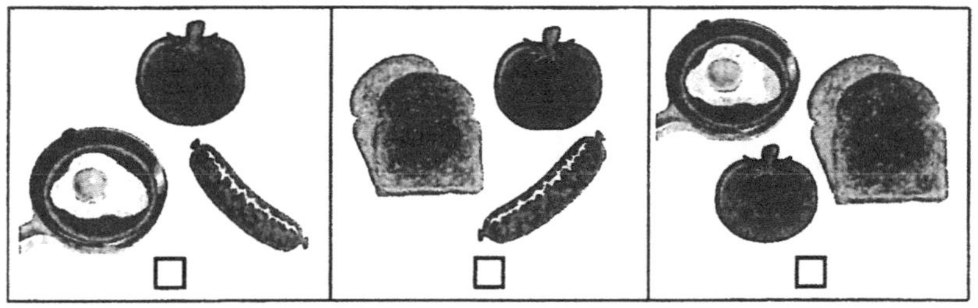

Part 2 – 3 questions (2x3=6)

Listen and draw lines. There is one example.

Kate Peter Bob Alex Sarah Sally Lucy

Example

Part 3 – 3 questions (2x3=6)

What did Alex do last week? Listen and draw a line from the day to the correct picture. There is one example.

Monday

Example

Tuesday

Wednesday

Thursday

Friday

Saturday

Sunday

Part 4 – 4 questions (3x4=12)

Listen and write. There is one example.

Alex

Example: Number of countries: ____143____

1. Passport, money, and ______________ of his family

2. Wants to visit: ______________

3. Job: ______________

4. The age when he visited his first country: __________

Reading & Writing (48 points)

Part 1 – 4 questions (1×4=4)

Look and read. Choose the correct word and write it on the lines. There is one example. Use each word one time.

Example: You can eat food here. ____a restaurant____

1) You can ride in this to go from one floor to another. __________
2) You can fish and sail boats here. __________
3) You can have this outside when it is sunny. __________
4) You can use this when it is raining. __________

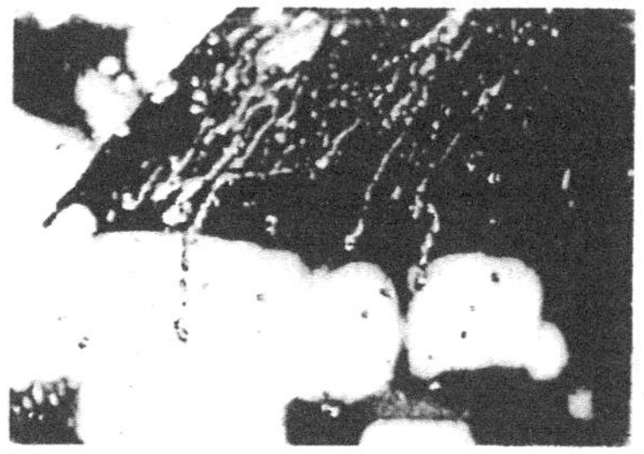

an umbrella

a restaurant

a BBQ

a lake

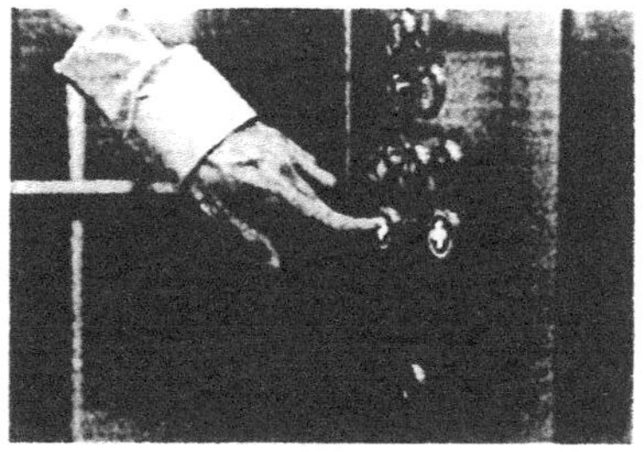

an elevator

a farm

Part 2 – 5 questions (1x5=5)

*Look and read. Write **yes** or **no**. There is one example.*

Example: There are four people in the picture. yes

1) The girl is wearing a hat. ______

2) It is a rainy day. ______

3) The tent is yellow. ______

4) The mother is taller than the boy. ______

5) There are two birds on the tree. ______

Part 3 – 3 questions (2x3=6)

Read the text and choose the best answer. There is one example.

Example: Tom: Is this your book?
Mark: A I like books.
B Yes, it is.
C On the desk. B

1) Tom: Do you want something to eat?
Mark: A Because I like chocolate.
B No, I'm not.
C Yes, please. ______

2) Tom: What are you doing tomorrow?
Mark: A I'm going to study.
B I had lunch.
C I like school. ______

3) Tom: Do you want to go home now?
Mark: A Not yet.
B I'm happy.
C It's homemade. ______

Part 4 – 4 questions (2x4=8)

Read the story. Choose a word from the box. Write the correct word next to numbers 1-3. There is one example.

Steven loves to play in the sea. Last Saturday, he went to the __beach__ with his family. Steven's brother is only 3 years old and he was very (1)________________. They went on the train. It was a very sunny day, so they decided to have a picnic. Steven helped to make the sandwiches. They had three types of sandwiches. They had (2)________________, tomato, and ham. They got to the beach at 10 o'clock and Steven and his brother ran into the sea. They played for two hours. At 12 o'clock their mother called them for lunch. Steven's father put a picnic mat on the beach. Then he put all the sandwiches and drinks on it. Steven's brother was very hungry, and he ran onto the picnic mat. The sandwiches fell onto the beach. They were very dirty! Steven and his family went to a (3)________________for lunch. It was a great day.

beach

cheese

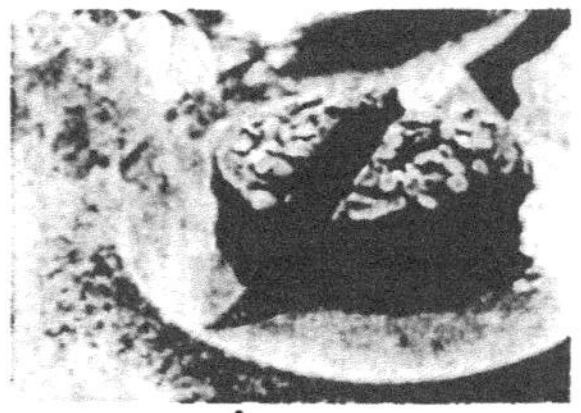
cake

excited

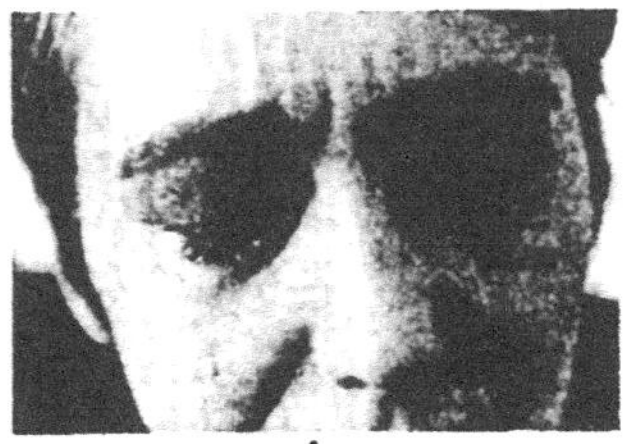
sad

cafe

(4) Now choose the best name for the story.

Check one box.

☐ A delicious picnic.

☐ A day at the beach.

☐ Steven's brother.

Part 5 – 5 questions (3x5=15)

Look at the pictures and read the story. Write some words to complete the sentences about the story. You can use 1 or 2 words. There is one example.

My name is Sally. This summer my geography teacher, Mrs. Clarke, gave my class a big project to do. I love geography. I love learning about rivers and mountains. We learn about towns as well. I was very happy about Mrs. Clarke's project. We had to work with a friend, and we had to think about a problem in our town. Then we had to make a poster. My friend was Rachel. She is my best friend, so we enjoyed working together. We decided to see how many trees there were in town. We thought that there weren't enough trees. First, we counted the trees. How many do you think there were? There were 23 trees. We took photographs of the trees for our poster. Then we stood in town for 4 hours and asked people a question. "Do you think there are enough trees in town?" In 4 hours, we asked 60 people. 57 people said there weren't enough trees. We put this on our poster as well. At the bottom of the poster, we drew a picture of our town centre with a lot more trees. It was a beautiful poster. Mrs. Clarke was very happy.

Example: Mrs. Clarke is a __geography__ teacher.

Questions

1) Sally's friend Rachel is her ________________.

2) Sally and Rachel had to think about a ________________ in the town.

3) They stood in town to ask people a ________________.

4) ________________ people thought there were enough trees.

5) Sally and Rachel drew a picture of their ________________.

Part 6 – 5 questions (2x5=10)

Read the text. Choose the correct words and write them on the lines. There is one example.

<u>The birthday party</u>

Example	Today was a great day because it __was__ my		is	are	was
	birthday. Now I am 8 years old. Four of my friends				
1	_________ school came to my house and they	1	on	from	of
2	gave me presents. This was a _________ party	2	good	better	best
3	than last year because my mother _________ a	3	make	makes	made
	delicious birthday cake. It was a chocolate cake and				
4	it had strawberries _________ top. I love	4	on	in	of
	strawberries so much! I can eat one hundred of				
5	them! _________ we ate the cake, we played	5	After	About	Above
	games. I was so happy.				

このページに問題はありません

2022年度　北星学園女子中学高等学校　入学試験問題　理科

(30分)

1 次の写真AとBはそれぞれ別の日の午前9時に，日本付近の上空から気象衛星が撮影《さつえい》したものです。これについて，あとの問いに答えなさい。(配点12点)

写真A

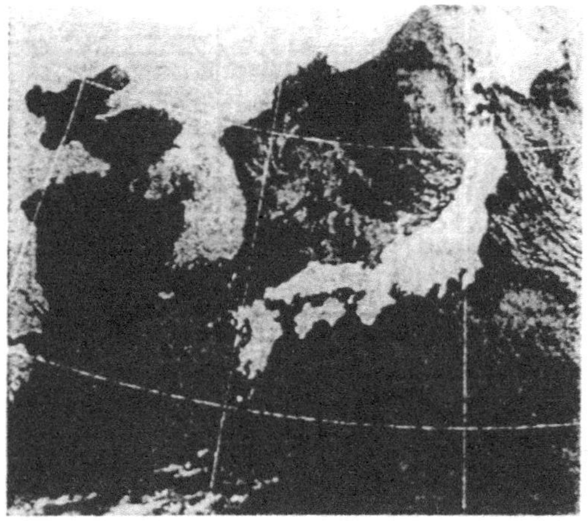

写真B

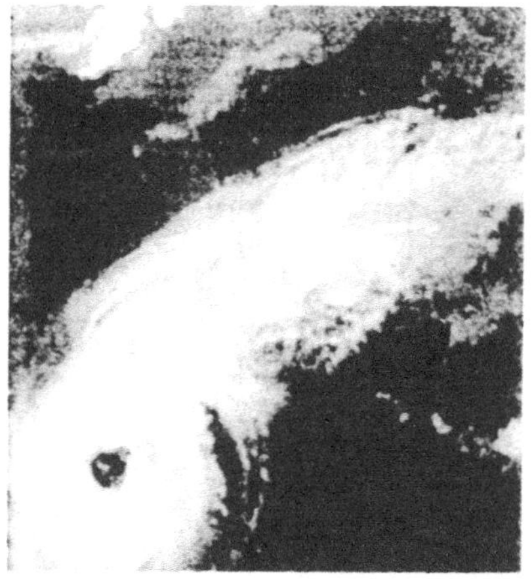

問1　晴れとくもりは，空全体の広さを10としたときの雲の量で決めます。写真Aを撮影したとき，札幌の天気は晴れでした。このとき，雲の量として最も適当なものを次の①～④から1つ選び，番号で答えなさい。(2点)

①　0～2　　②　0～4　　③　0～6　　④　0～8

問2　写真Aでは，すじ状の雲が何本も見られました。この日の季節として最も適当なものを次の①～④から1つ選び，番号で答えなさい。(2点)

①　春　　②　夏　　③　秋　　④　冬

問3　写真Aのとき，札幌ではどちらから風がふいてきますか。最も適当なものを次の①～④から1つ選び，番号で答えなさい。(2点)

①　北西　　②　北東　　③　南西　　④　南東

問4　写真Bに見られるうず巻き状の雲のかたまりを何というか答えなさい。

(3点)

問5　次の写真C～Eは，写真Bを撮影した次の日から3日間，午前9時に撮影したものです。写真C～Eを日付の早いものから順に並べなさい。

(3点)

写真C

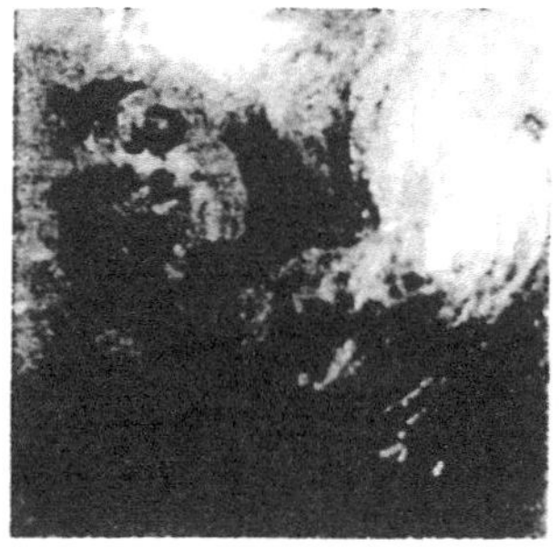

写真D

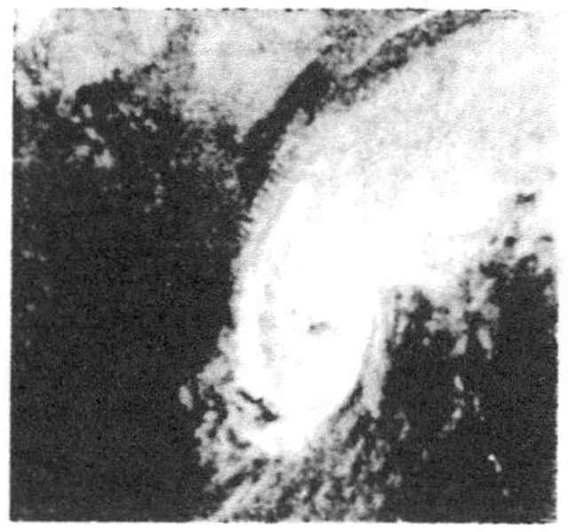

写真E

2 次の実験について，あとの問いに答えなさい。(配点 13 点)

図 1 のようにアルミニウム 0.01 g を三角フラスコに入れて，うすい塩酸を上から加えたところ気体が発生しました。また，図 2 は加えたうすい塩酸の体積と，発生した気体の量の関係をグラフにしたものです。

図 1

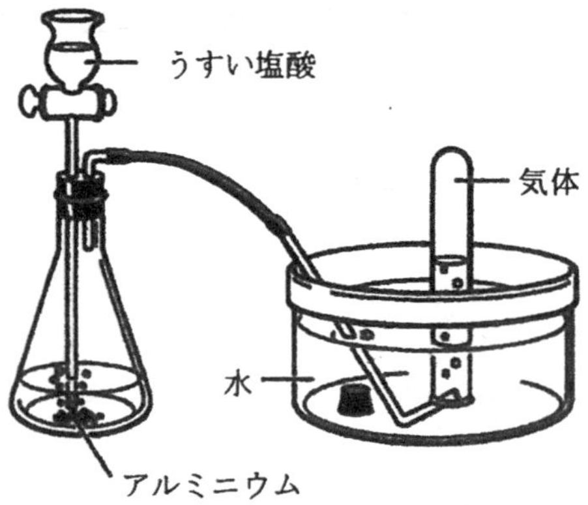

図 2

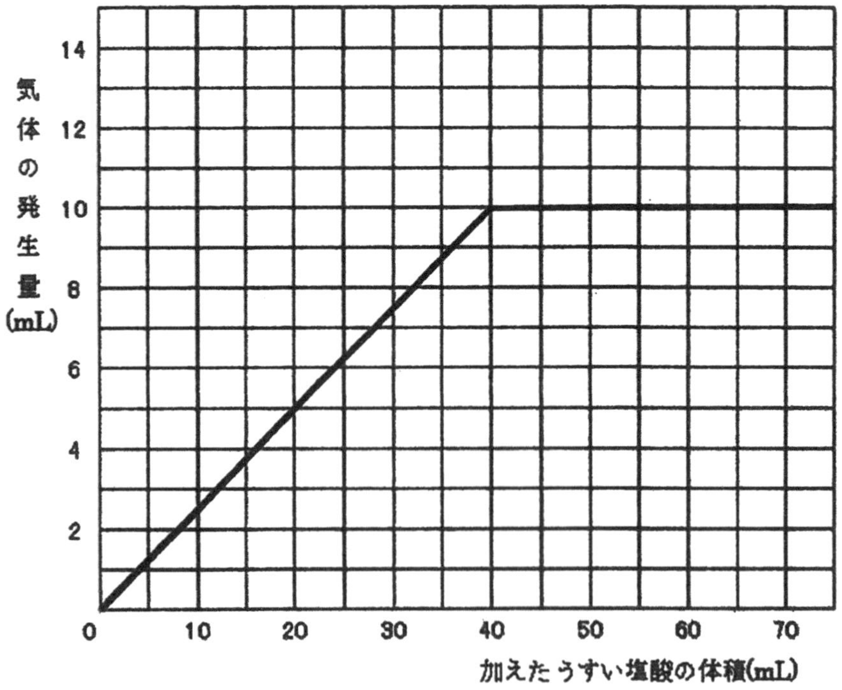

問 1 右図は気体を集めた試験管の液面の部分を拡大したものです。目盛りを読むときの高さとして最も適当なものを次の①～③から 1 つ選び，番号で答えなさい。(3 点)

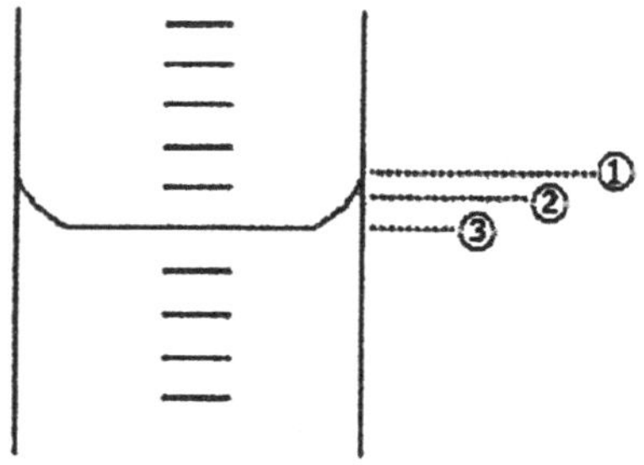

問 2 この実験について説明した文として，最も適当なものを次の①～④から 1 つ選び，番号で答えなさい。(3 点)

① 三角フラスコの中に残った液体を蒸発させると，とけていたアルミニウムがでてくる。
② アルミニウムにうすい塩酸を加えると，卵がくさったようなにおいがする。
③ 三角フラスコの中に残った液体を蒸発させて出てきたものに再びうすい塩酸を加えると，あわを出してとける。
④ 三角フラスコの中に残った液体を蒸発させて出てきたものを再び水にとかすと，あわを出さずにとける。

問 3 この実験では，塩酸を 40 mL 以上加えたところでそれ以上気体が発生しなくなりました。この理由を簡単に説明しなさい。(3 点)

問 4 アルミニウムを 0.03 g に増やし，うすい塩酸 120 mL と反応させると，気体は何 mL 発生するか答えなさい。(2 点)

問 5 アルミニウム 0.10 g とうすい塩酸 200 mL を反応させると，気体は何 mL 発生するか答えなさい。(2 点)

3 植物に関する次の実験について，あとの問いに答えなさい。(配点 13 点)

【実験Ⅰ】
ジャガイモに含まれる成分を確かめるために，ジャガイモの断面にある液をたらしました。

【実験Ⅱ】
表のア～エの状態のインゲンマメの種子について，それぞれの子葉を半分に切り，実験Ⅰで用いたある液につけました。なお，用意したインゲンマメの種子はほぼ同じ大きさです。

表

ア	発芽する前のもの
イ	発芽したばかりのもの
ウ	発芽して少したったもの
エ	本葉が出るまで育てたもの

【実験Ⅲ】
発芽したばかりのインゲンマメA，Bを用意し，そのうちBの子葉を図のように半分に切りました。その後，成長した2つのインゲンマメを観察しました。

図

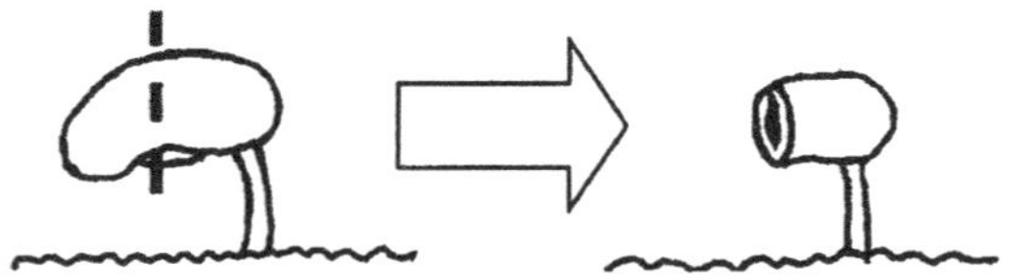

問1　実験Ⅰについて，ある液をたらした断面が青むらさき色になりました。ある液の名前を答えなさい。(2点)

問2　実験Ⅰについて，断面が青むらさき色に変わったのは，ジャガイモに何という成分が含まれるからですか。その成分の名前を答えなさい。(2点)

問3　実験Ⅱについて，子葉の数がインゲンマメと同じ植物を次の①～④から1つ選び，番号で答えなさい。(2点)

① トウモロコシ
② アサガオ
③ イネ
④ ユリ

問4　実験Ⅱについて，青むらさき色の部分が多いものから順にア～エを並べなさい。(2点)

問5　実験Ⅱについて，問4の結果になる理由を「子葉」と「養分」という言葉を用いて，簡単に説明しなさい。(3点)

問6　実験Ⅲについて，成長した2つのインゲンマメの違いとして最も適当なものを次の①～④から1つ選び，番号で答えなさい。(2点)

① Aに比べ，Bの葉の緑色がうすい。
② Bに比べ，Aの葉の緑色がうすい。
③ Aに比べ，Bの方が大きく育つ。
④ Bに比べ，Aの方が大きく育つ。

4 ふりこのふれる回数について調べた次の実験について，あとの問いに答えなさい。(配点 12 点)

【実験Ⅰ】
図 1 のようなふりこを用意し，ふりこの長さと 1 分間にふれる回数の関係を調べました。表 1 はその結果です。なお，おもりの重さは 200 g，ふれはばは 2°です。

図 1

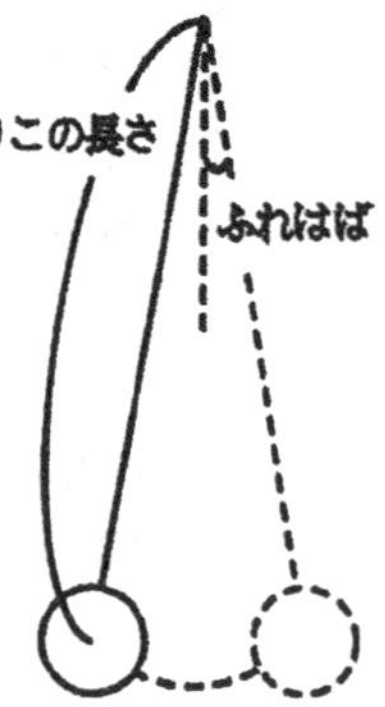

表 1

ふりこの長さ[cm]	25	50	100	200	400
回数[回]	60	42	30	21	X

【実験Ⅱ】
ふりこの長さ，おもりの重さ，ふれはばの条件を変えて 1 分間にふれる回数を調べました。表 2 は行った実験①～⑧の結果です。

表 2

実験	①	②	③	④	⑤	⑥	⑦	⑧
ふりこの長さ[cm]	25	50	100	200	25	50	100	200
おもりの重さ[g]	300	200	100	400	100	200	400	300
ふれはば[°]	3	1	4	2	1	4	3	2
回数[回]	60	42	30	21	60	42	30	21

問 1 表 1 からわかることを説明した次の文の（ A ）に正しい数字を入れなさい。(2 点)

ふりこの長さが（ A ）倍になると，1 分間にふれる回数が半分になる。

問 2 表 1 の X に入る数字を答えなさい。(2 点)

問 3 実験Ⅰでは，長さが 100 cm のふりこが 1 回ふれるのに何秒かかるか答えなさい。(2 点)

問 4 おもりの重さと 1 分間にふれる回数の関係を調べたいとき，実験Ⅰと実験Ⅱのどの結果を比べればよいですか。ふさわしいものを表 2 の①～⑧から 2 つ選び，番号で答えなさい。(2 点)

問 5 1 分間にふれる回数が 42 回になるふりことして，最も適当なものを次の①～④から 1 つ選び，番号で答えなさい。(2 点)

	①	②	③	④
ふりこの長さ[cm]	25	50	100	200
おもりの重さ[g]	400	300	200	100
ふれはば[°]	2	4	1	3

問 6 ふりこを応用したものに，図 2 のようなメトロノームがあります。メトロノームは楽器の演奏や練習をするときに，テンポを合わせるために使う道具です。このメトロノームはふりこが 1 往復するごとに 2 回音を鳴らします。ふりこが 1 往復する時間は，棒に通してあるおもりをスライドさせることで変えられます。支点から 25 cm の点におもりを固定したところ，1 秒間に 2 回音が鳴りました。1 秒間に 4 回音を鳴らすためには，支点から何 cm の点におもりを固定すればよいですか。小数第 2 位を四捨五入して，小数第 1 位まで答えなさい。(2 点)

図 2

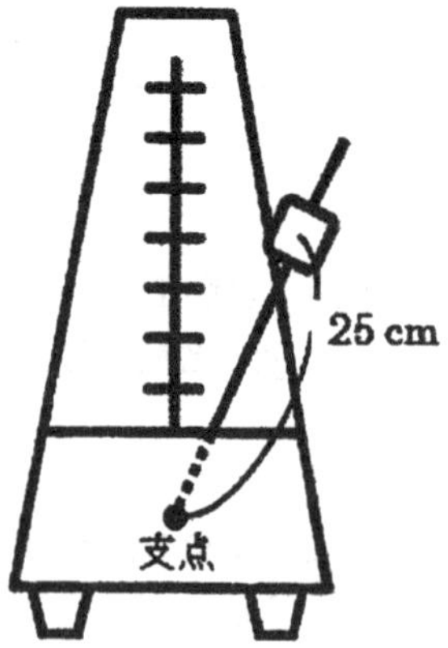

2022年度　北星学園女子中学高等学校　入学試験問題　社会

（30分）

1　次の会話文を読んで、あとの問いに答えなさい。（配点 26点）

北子：昨年7月に ｱ)「北海道・北東北の縄文遺跡群《いせきぐん》」が世界遺産に登録されたね。

星子：ｲ)北海道に住んでいる私たちにとっても嬉《うれ》しいニュースだったね。

北子：私は歴史に興味があるけど、歴史上の好きな人物は誰かいるの？

星子：そうね。私は、源頼朝かな。カッコいいイメージだもの。

北子：なるほどね。私はこの5人に興味があるのよ。

人物名	活躍した時代
坂本龍馬	ｳ)江戸時代
織田信長	安土桃山時代
ｴ)	江戸時代
卑弥呼	弥生時代
紫式部	ｵ)平安時代

星子：表にまとめたんだね。北子さんはさすがだわ。

問1　下線部ｱ)について、次の問いに答えなさい。

（1）　人々が食べた動物の骨や貝がらなどを捨てたゴミ捨て場のあとを何というか答えなさい。（2点）

（2）　人々は、魔《ま》よけや食物の豊かさを祈るのに、右のような土製の人形をつくりました。この人形を何というか答えなさい。（2点）

（3）　この時代の遺跡《いせき》として代表的な北東北にある遺跡を何というか答えなさい。（2点）

（4）　下の地図を見て、①と②の県の県庁所在地を答えなさい。（各1点）

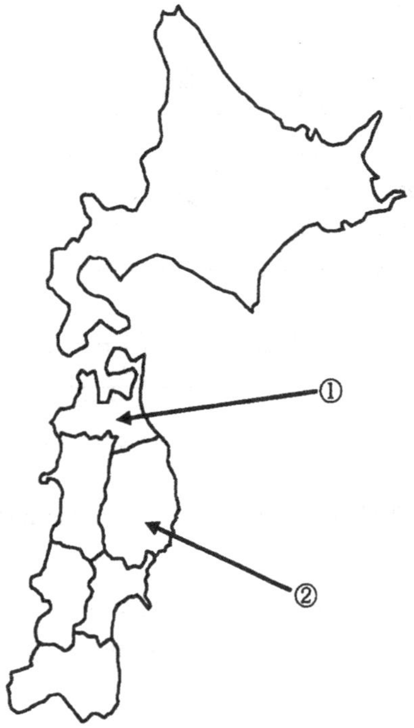

問2　下線部ｲ)について、次の問いに答えなさい。

（1）　下の地図中の①は河川名、②③は平野名、④は台地名、⑤は地域の名称をそれぞれ答えなさい。（各1点）

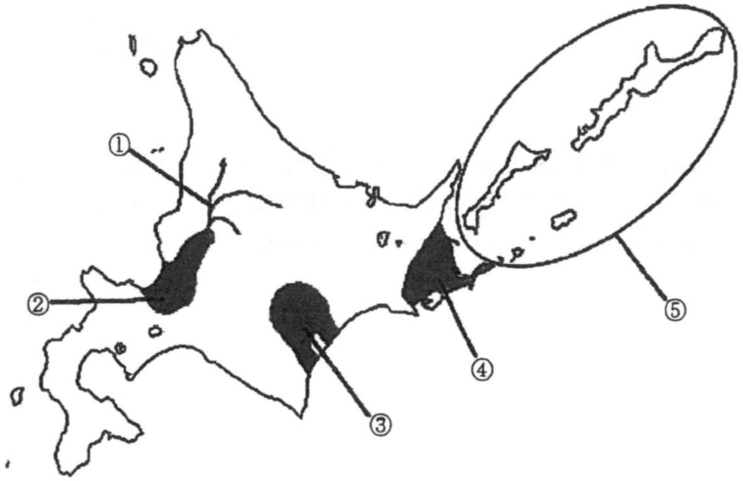

（2）　札幌市の雨温図として正しいものを次の①～③から1つ選び、番号で答えなさい。(2点)

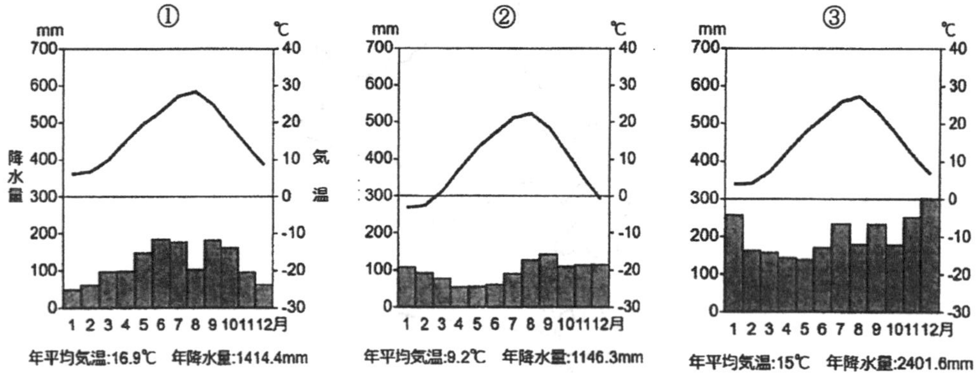

(雨温図作成サイト(https://ktgis.net/service/uonzu/)で作成)

問3　表中ｳ)の時代について、次の問いに答えなさい。

（1）　下の作品の作者名を①～④から1つ選び、番号で答えなさい。(1点)

① 歌川広重《うたがわひろしげ》
② 葛飾北斎《かつしかほくさい》
③ 東洲斎写楽《とうしゅうさいしゃらく》
④ 菱川師宣《ひしかわもろのぶ》

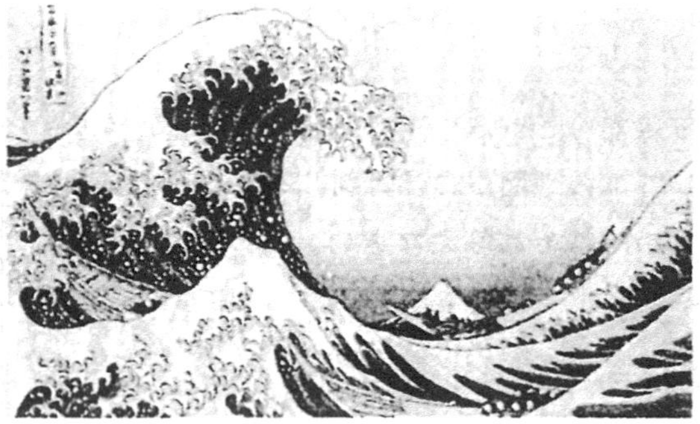

（2）　右の人物は1853年に4せきの軍艦《ぐんかん》を率いて浦賀《うらが》に来航し、アメリカ大統領の手紙を幕府にわたして開国を求めました。この人物の名前を答えなさい。(2点)

問4　下の自己紹介は、表中ｴ)の人物のものです。この人物の名前を答えなさい。

(2点)

わたしは江戸幕府の初代将軍です。1600年の天下分け目の戦いで勝利しました。1603年に征夷大将軍《せいいたいしょうぐん》となり、江戸に幕府を開きました。

問5　表中ｵ)の時代について、次の問いに答えなさい。

（1）　紫式部が書いた物語は多くの言語に訳《やく》されて、現在も世界の国々で読まれています。この物語の作品名を答えなさい。(2点)

（2）　下の図のような貴族の女性の正装を何というか答えなさい。(2点)

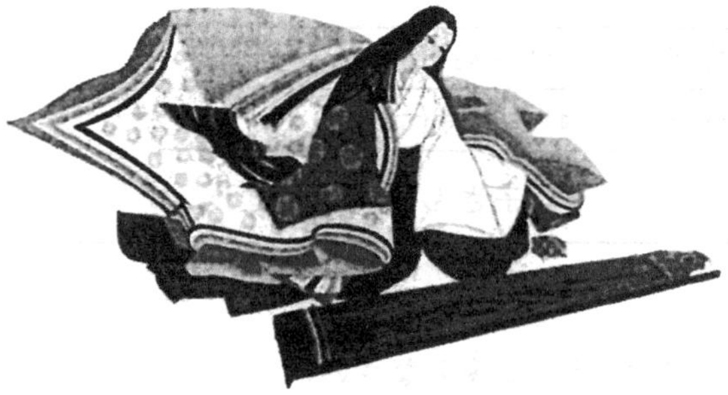

（3）　漢字を変形させたり、省略してつくられた、日本独自の文字を何というか答えなさい。

(2点)

2 次の会話文を読んで、あとの問いに答えなさい。（配点 12 点）

北子：昨年の夏は、本当に暑かったね。
星子：一日の最高気温が、摂氏《せっし》35 度を超える暑さを初めて経験したよね。
北子：カナダのリットンでは、観測《かんそく》史上最高の摂氏《せっし》49.6 度を記録したよ。
星子：ア)気候変動の原因については、私たち人間の様々な活動が関係していると言われているね。
北子：ＥＵは、気候変動対策として新たな計画を発表したよね。
星子：私たちはイ)環境を守るための努力をしなくてはならないね。

問 1　下線部ア)について、下の文中の（　Ａ　）～（　Ｄ　）にあてはまる語句を語群の①～⑧から、それぞれ 1 つ選び、番号で答えなさい。（各 2 点）

今地球では、さまざまな環境問題が起こっています。赤道付近に広がる（　Ａ　）では、森林伐採《しんりんばっさい》や放牧のし過ぎなどによって植物が育ちにくくなっています。また、自動車の排気ガスや工場から出る煙《けむり》が雨にとけて（　Ｂ　）となり、森林を枯《か》らしています。さらに工場や家庭から出る二酸化炭素は、（　Ｃ　）の原因と言われています。そして、スプレーや電気製品に使用されていたフロンガスは、（　Ｄ　）を破壊している原因と言われています。

【語群】

① オゾン層	② 温暖化	③ 砂漠化	④ 針葉樹林
⑤ 熱帯雨林	⑥ 大気圏	⑦ 酸性雨	⑧ 海洋汚染

問 2　下線部イ)について、次の問いに答えなさい。

（1）　このための 1 つの機関として国連教育科学文化機関があります。この機関の略称として正しいものを、次の①～④から 1 つ選び、番号で答えなさい。（2 点）

① IMF　② UNESCO　③ ILO　④ UNICEF

（2）　水俣《みなまた》病などの四大公害病がきっかけとなり、公害から私たちの生活を守るために主張されるようになった権利を何というか答えなさい。（2 点）

3 日本国憲法について、あとの問いに答えなさい。（配点 12 点）

日本国憲法には、3 つの原則があります。二度と戦争をしないということを定めた（　Ａ　）、生まれながらの権利を大切にする（　Ｂ　）の保障《ほしょう》、政治の主人公は国民であるという（　Ｃ　）です。また、国民の権利についても保障しています。そのうち、小学生のみなさんにも（　Ｄ　）などの権利が保障されています。一方、国民の義務として子どもに（　Ｅ　）を受けさせる義務についても定められています。

問 1　（　Ａ　）～（　Ｃ　）にあてはまる語句をそれぞれ答えなさい。（各 2 点）

問 2　（　Ｄ　）にあてはまる権利として正しいものを、①～⑤からすべて選び、番号で答えなさい。（3 点）

① 税金を納める
② 教育を受ける
③ 健康で文化的な生活を営む
④ 選挙で投票する
⑤ 裁判を受ける

問 3　（　Ｅ　）にあてはまる語句を 2 字で答えなさい。（3 点）

二〇二二年度　北星学園女子中学高等学校入学試験（1期）　解答用紙　国語

受験番号

氏名

※100点満点

点

問題一
①　②　③　④　⑤
⑥　⑦　⑧　⑨　⑩

問題二
①　②　③

問題三
①　②　③

問題四
①　②　③　④

問題五
①　↓　↓　↓
②　↓　↓　↓

問題六
A　B

問題七
①　②

問題八
問一
問二
問三　自分が　という思い違い。
問四
問五
問六
問七
問八

問題九
問一
問二
問三　A　B
問四
問五
問六　C
問七　↓　↓
問八

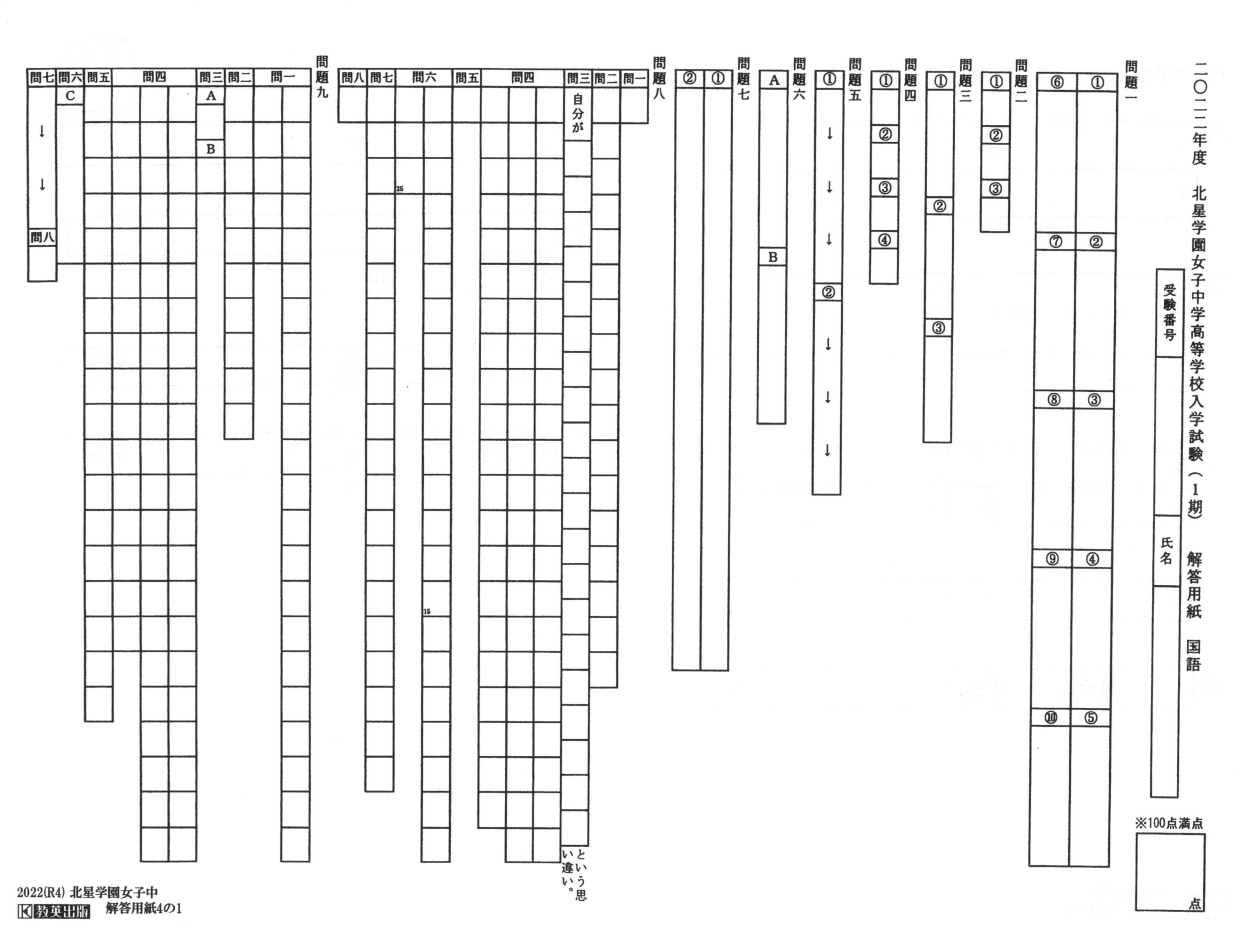

※100点満点

北星学園女子中学高等学校 2022年度 (1期)入学試験解答用紙 算数

受験番号(　　　　　) 氏名(　　　　　　　　　　)

点

1

(1) %	(2) %
(3) 人	

2

(1)	(2)
(3)	(4)
(5)	

3

(1) °	(2) m
(3) 秒	(4)

4

(1) 点	(2) 点

5

(1) 週目の 曜日	(2) 週目

6

(1) cm^3	(2) :

7

(1)
(2) cm^2

8

(1) 部屋	(2) 部屋

9

(1) 分速 m	(2) 分後
(3) 分	

2022年度北星学園女子中学高等学校入学試験(1期)　理科

受験番号		名前	

※50点満点

1

問1	問2	問3	問4
問5　→　→			

2

問1	問2
問3	
問4	問5

3

問1	問2	問3
問4　→　→　→		
問5		
問6		

4

問1	問2	問3
問4	問5	問6

2022年度　北星学園女子中学高等学校（1期）入学試験　社会　解答用紙

受験番号	氏名	点

※50点満点

1

問1	（1）	（2）	（3）　遺跡	
	（4）①　市	②　市		
問2	（1）①　川	②　平野	③　平野	
	④　台地	⑤	（2）	
問3	（1）	（2）	問4	
問5	（1）　物語	（2）	（3）	

2

問1	（A）	（B）	（C）	
	（D）	問2	（1）	（2）　権

3

問1	（A）	（B）		
	（C）	問2		問3